MEMENTO VIVERE

50 provocações para uma vida melhor

por Antonio Braga

Uma produção

VIVER EDITORA

FICHA TÉCNICA

Direção Editorial
Tiago Braga

Validação de Conteúdo
Ana Isabel Passos
Caroline Braga
Thiago Gusmão

Preparação
Caroline Santos
Rafael Souza

Revisão
Michelle Morikawa

Concepção Visual
André Urel

Projeto Gráfico e Diagramação
Geyvison Ludugerio

Ilustrações
Gabriel Nascimento

B813m Braga, Antonio.
Memento Vivere / Antonio Braga ; Gabriel Nascimento [ilust.] - 1ª ed. - São Paulo : Viver Editora, 2025.
216 p. il. col.

ISBN 978-65-84632-38-7

1.Jornada. 2.Motivação. 3.Relevância. 4.Planejamento. 5.Equilíbrio. I.Braga, Antonio. II.Nascimento, Gabriel [ilust.]. III.Título.

CDD 152.4

Tatiane Thielke dos Santos Cruz - Bibliotecária - CRB-8/11157.

MEMENTO VIVERE

POR QUE *MEMENTO VIVERE?*

Antes de mergulharmos no significado do termo *memento vivere*, é vital compreendermos uma outra expressão em latim: *memento mori*. Traduzida, ela significa "lembre-se de que é mortal" ou "lembre-se de que vai morrer" – uma informação nem um pouco palatável! Entretanto, em sua origem, esse era exatamente o objetivo dessa frase: ser um alerta. Seu uso remonta à época dos generais de guerra na Roma Antiga. Conta-se que, quando entravam na cidade, voltando de suas conquistas, eram recebidos com grande euforia pela multidão que se aglomerava para saudá-los. Enquanto os generais desfilavam garbosamente em sua carruagem, um servo designado pelo imperador ia sussurrando ao seu ouvido esta frase – lembre-se de que vai morrer. Que contraste extraordinário entre a glória da conquista e a certeza da finitude.

> *Memento mori* é a realidade nua e crua à qual todos estamos sujeitos.

Mas... há algo que vai muito além dessa verdade aparentemente cruel. ***Memento vivere*** é o oposto complementar a *memento mori*. Significa ***"lembre-se de viver"***, uma expressão eternizada pelo filósofo francês Pierre Hadot. Quão precioso é esse alerta para nossa vida! Se *memento mori* nos lembra de que a nossa existência é breve e limitada, *memento vivere* nos orienta sobre como viver diante dessa realidade. Sim, a vida é efêmera, o mundo é devir, mas cada instante de eternidade que nos foi concedido deve ser desfrutado em sua plenitude!

Quando nos lembramos intencionalmente de viver, as horas deixam de ser meras lacunas a preencher na agenda e se transformam em oportunidades de maravilhamento, valiosas por si mesmas. Alcançamos uma compreensão contracultural de que nosso valor transcende aquilo que produzimos, e que a pausa para contemplação fortalece nossa alma. "Lembrar-se de viver" nos leva a interiorizar verdadeiramente o valor do "agora", indo além de qualquer teoria sobre a beleza da vida – é uma revolução prática.

O livro *Memento Vivere*, além de ser uma leitura motivadora, foi projetado para ser um plano de ação! Em cada trecho desta jornada existencial de cinquenta trilhas, convido você a se sentir profundamente inspirado por cada um dos desafios que encontrar pelo caminho. A proposta é exatamente transformar esse impulso em atitude. O seu *Memento Vivere* é uma experiência: está repleto de atividades criativas e espaços para registrar seu processo, sentimentos e percepções em cada etapa. Cada provocação foi pensada para conduzi-lo com ferramentas para a construção de uma vida melhor. Prepare-se para uma jornada transformadora e apaixonante!

Antonio Braga

Você está entrando em uma experiência composta de pequenos desafios que podem provocar mudanças agregadoras em sua caminhada pela vida afora.

Memento Vivere é mais do que uma leitura reflexiva; é uma trilha de aprendizados para todo aquele que tem disposição para fazer sua jornada.

Dicas para o *Memento Vivere*

Para ajudar você a tirar o máximo proveito da sua experiência com o livro *Memento Vivere*, aqui vão algumas orientações essenciais:

- **Busque carregar o *Memento Vivere* com você.** Seja em uma viagem, passeio ao parque ou pausa no trabalho, ter o livro por perto facilita a incorporação dos desafios e reflexões no seu dia a dia.

- **Procure fazer sem pressa, no seu próprio tempo.** Não existe um período estabelecido para a conclusão de todos os desafios. Este é um processo de autodescoberta e transformação pessoal que deve ser desfrutado com atenção e calma.

- **Se preciso, pule desafios.** A sequência dos desafios foi planejada por nossa equipe criativa, mas é aberta a trocas. Se você achar uma tarefa difícil para o seu momento de vida, deixe-a para quando se sentir pronto.

- **Evite ler tarefas que estão à frente.** A curiosidade é grande, mas tente seguir a trilha proposta! Antecipar a leitura dos desafios futuros pode tirar a surpresa e o impacto de cada etapa. Permita-se vivenciar cada experiência no seu momento, absorvendo o que ela tem a oferecer.

- **Assista a cada vídeo.** Em cada capítulo, você encontrará um QR code que o conduzirá a um vídeo. São conversas repletas de insights valiosos entre o autor e você. Não os ignore; eles vão enriquecer muito a sua jornada.

- **Realize cada desafio do seu jeito.** Não há uma maneira certa ou errada de cumprir os desafios. Adapte-os à sua realidade e ao seu contexto. O importante é que você se envolva e faça os registros no livro, capturando suas emoções, pensamentos e aprendizados.

- **Expanda ideias se achar conveniente.** Sinta-se livre para explorar mais se algo ressoar profundamente em você. Escreva, desenhe, crie – este é o seu espaço de crescimento.

- **Conclua uma atividade antes de seguir em frente.** Para que a experiência seja completa, finalize cada atividade antes de passar para a próxima. Isso ajuda a solidificar os aprendizados e garantir que cada etapa do processo seja vivida plenamente.

- **Atenção aos lembretes!** Em cada desafio, você encontrará lembretes – pensamentos do autor que sintetizam as ideias contidas neste livro. A função deles é inspirá-lo e motivá-lo ao longo do caminho.

- **Viva cada momento!** ***Memento Vivere*** poderá trazer à tona intensas emoções positivas; porém, em outros momentos, evocará algumas memórias e sentimentos desconfortáveis. Confie no processo!

MEMENTO
VIVERE

DESAFIO 1

Encantamento pela vida

Vivenciar um encantamento real pela vida como um todo pode ser uma pequena conquista pessoal capaz de produzir efeitos práticos extremamente benéficos para o conjunto da existência – isso, claro, quando conseguimos fazer disso uma prática do cotidiano. A pressa, essa inimiga silenciosa do deslumbramento, muitas vezes nos embota a visão para as belezas sutis da vida. Na correria diária, tão comum a todos nós, podemos nos assemelhar a hamsters em uma roda, perseguindo incessantemente um sucesso ou uma satisfação quase sempre distantes. Infelizmente, é fácil render-se a essa dinâmica, mas ela não precisa caracterizar o seu roteiro existencial.

Convido você a planejar intencionalmente um momento dedicado ao maravilhamento pela vida ao seu redor, que é capaz de encantar aqueles que a percebem. Defina um tempo que lhe pareça adequado, mas que seja de dedicação exclusiva para a reflexão. Escolha um lugar em meio à natureza onde você sinta que a experiência pode ser mais plenamente vivida, onde sua alma se sinta em casa. Sente-se de forma confortável e procure conectar-se com tudo que pulsa ao seu redor.

Dia e hora que vou dedicar para perceber o encantamento:

/ /

Durante a experiência, procure perceber o que normalmente não é observado pelas pessoas, seja uma formiga carregando uma folha, uma árvore que esteja morrendo, uma folha seca no chão, uma fissura no concreto onde nasceu uma plantinha, o vento que sopra balançando os galhos, as nuvens que criam formas diversas... Sim! Há todo um potencial de maravilhamento exatamente nesse lugar que você escolheu, mas que talvez não esteja sendo tão claramente absorvido pela percepção apressada. Sinta, de fato, seu lugar em meio a todo esse deslumbramento. Busque colocar-se como parte viva de toda essa realidade. Seja, nesse tempo precioso, um ser humano "catador de lindezas" – pois elas estão por toda parte!

Encare este convite como uma oportunidade para lembrar que você não é um refém do tempo acelerado, nem da mecânica de um cotidiano esmagador. Entregue-se o máximo que puder a esse pequeno tempo, permitindo que seu olhar se expanda e que sua pele sinta uma vibração especial por estar participando ativamente da vida. Cada segundo é uma dádiva, e você pode se tornar alguém que saiba apreciá-la.

Depois de vivenciar esse estado de encantamento, faça anotações no espaço dedicado a ele, registrando as sensações percebidas.

LEMBRETE

Nossos dias podem ser caracterizados como uma sequência repetitiva de eventos, mas à medida que estamos apaixonados pela vida, cada detalhe vivenciado nesses mesmos eventos se expande na forma de encantamento.

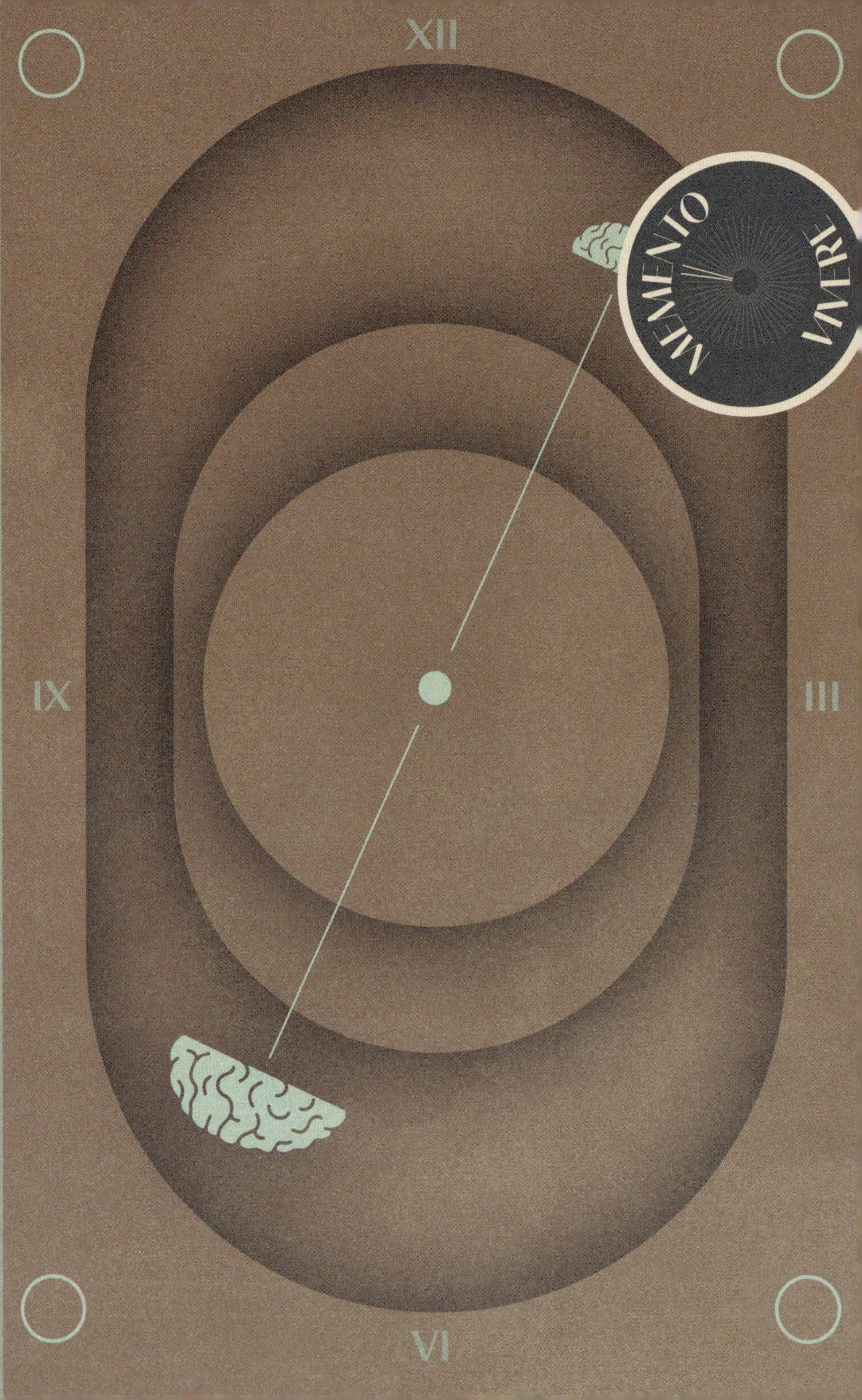
XII
IX
III
VI
MEMENTO
VIVERE

DESAFIO 2

Um eterno aprendente

No redemoinho do conhecimento no mundo moderno, ser um eterno aprendente não é só uma vantagem, é uma necessidade. Para uma existência repleta de significado, é essencial se transformar, bem à semelhança daquela clássica música brasileira – numa "metamorfose ambulante" –, sempre mudando, evoluindo, aprendendo, independentemente da idade. O comportamento de aprendente é como o de um "aluno da vida": ao longo do tempo, vai compreendendo melhor a linguagem dela, tornando-se verdadeiramente alfabetizado. Jamais nos formamos em "vida", mas a jornada dos aprendizados pode ser reveladora.

Um passo incontornável para continuar sendo um eterno aprendente é manter viva a curiosidade e a humildade diante da vastidão do universo. Ademais, reconhecer que nossas certezas podem ser limitantes é um bom ponto de partida para um aprendizado autêntico. Lembra-se da antiga máxima: "só sei que nada sei"?

Convido você a praticar um pouco do exercício conhecido como “mente de principiante”, que pode ser muito legal para sua vida de eterno aprendente, e você pode praticá-lo periodicamente. É muito simples, pois consiste em manter a curiosidade para qualquer vivência aparentemente comum.

Então vamos lá! Escolha alguma ação ou tarefa simples do seu dia a dia para que você a experimente como se fosse a primeira vez. Essa aventura pode ser repetida de forma deliciosa sempre que possível. Se você escolher saborear uma determinada fruta como se nunca a tivesse visto ou comido antes, comece por inalar seu aroma, olhar para ela com surpresa e perceber sua textura ao tocá-la suavemente com as mãos. Ao degustá-la, deixe que as papilas gustativas sintam os sabores que ela desperta; mastigue lentamente, talvez até de olhos fechados...

Aplique essa mesma ideia a outros tantos aspectos da vida, seja em um roteiro conhecido, em uma conversa com um ente querido ou até mesmo durante um banho. Brincar com a hipótese de ser “a primeira vez” pode ser fascinante! A ideia é que você busque manter a vida de eterno aprendente sempre em expansão, nunca assumindo saber tudo, mas ampliando cada vez mais a experiência de tornar novo o que já é conhecido e expandindo os horizontes à sua frente.

Deixe anotadas aqui suas percepções sobre a tarefa. Cada anotação é lembrança que perdura.

LEMBRETE

Jamais saberemos tudo no curso da existência, mas é vital desenvolver um comportamento de aprendente. Tal perfil de vida nos move constantemente a novos universos inexplorados e a infinitas possibilidades de descobertas.

MEMENTO
VIVERE

DESAFIO 3

Caminhada de aprendiz

É hora de planejar uma boa caminhada real, cujo foco esteja em um encontro agregador consigo mesmo, em que você possa, para além das vantagens obtidas pelo movimento físico, abrir espaço para um excelente movimento em seu interior.

Quero convidar você para uma caminhada diferente das rotineiras, com uma intenção específica. Essa deve ser sem um rumo definido, talvez em um lugar novo, tendo apenas seus pensamentos como companhia. E essa sua companhia pode ser maravilhosa! Planeje deixar o celular fora dessa pequena jornada. Este é um momento para se desconectar do mundo exterior e entrar em um contato mais profundo com sua alma.

Dia e hora escolhidos para a minha caminhada:

Escolha um trajeto sereno: um parque, uma trilha ou ruas tranquilas do bairro. Se puder, opte por horários menos movimentados. Não se prenda muito à duração ou ao caminho escolhido. Como disse Antonio Machado: "Caminhante, não há caminho, o caminho se faz ao caminhar!".

Durante o percurso, procure mergulhar numa reflexão serena sobre sua vida. Contemple os caminhos já percorridos, os desafios superados e os sonhos que ainda esperam realização. Permita-se questionar até mesmo aquilo que parece ter respostas claras. Reavaliar situações desafiadoras pode revelar novas perspectivas quando adotamos uma postura de aprendiz, inclusive em relação a nós mesmos!

E para tornar essa experiência ainda mais significativa, que tal utilizar o desenho da trilha que está em seu espaço e fazer registros pessoais de alguns dos aprendizados trazidos de suas reflexões durante a caminhada?

LEMBRETE

Cada trecho da jornada conta! Permita que seus pés sejam testemunhas andantes de uma caminhada abençoada pela vida afora.

MEMENTO
VIVERE

DESAFIO 4

Selfie essencial

Em 2013, "selfie" foi nomeada a palavra do ano pelo *Oxford English Dictionary*. Desde aquela época, com a popularização da tecnologia das câmeras frontais, passamos a colecionar várias dessas fotos de nós mesmos, algumas postadas, outras guardadas na memória do smartphone. Entretanto, neste desafio, o convite é para que você tire uma selfie diferente daquelas que já tem.

Como diz o ditado popular, "uma imagem vale mais que mil palavras". Planeje criar uma selfie que consiga incorporar exatamente esse conceito. Busque capturar uma foto que verdadeiramente reflita sua essência como ser humano. Pode ser um sorriso que revele a sua resiliência, um cenário que desperte sentimentos profundos ou um momento de introspecção que demonstre a sua busca por significado. Use a criatividade para explorar os aspectos mais autênticos da sua personalidade.

Quando sentir que alcançou o resultado que esperava, talvez seja bom imprimir essa foto e colá-la em seu *Memento Vivere*. Se preferir, você pode simbolizar essa essência em seu espaço, logo abaixo. A ideia é tornar esse registro visual um símbolo da evolução de sua trajetória pela vida até aqui. No futuro, ao revisitar esse registro, você poderá se surpreender com a história que uma simples imagem pode contar sobre sua trajetória nesse mundo.

LEMBRETE

Minha melhor fotografia é aquela que nenhuma tecnologia consegue capturar, mas que pode ser perfeitamente sintetizada na imagem que tenho sobre quem de fato eu sou.

MEMENTO VIVERE

DESAFIO 5

Elogios renovadores

É fácil para nós identificar nossas próprias falhas e imperfeições, e provavelmente não seria um desafio elaborar uma lista contendo alguns dos nossos principais defeitos. Mas o que aconteceria se mudássemos o foco, então, para reconhecer melhor as virtudes que melhor nos caracterizam? O *Memento Vivere* convida você a fazer um mergulho nessa dimensão.

Você pode começar buscando aquelas qualidades que definem quem você é; sejam elas herdadas ou cultivadas ao longo da vida. Pode ser a sua determinação incansável, a sua habilidade de escutar os outros com empatia ou até mesmo a sua criatividade vibrante. O desafio consiste em listar pelo menos cinco dessas qualidades, aquelas que realmente dizem quem você é enquanto ser humano. Para chegar a elas, seria bom enumerar uma quantidade maior e, em seguida, fazer um refinamento que traduza essa essência.

Se achar difícil identificar suas próprias virtudes, você pode pedir ajuda a alguém de confiança. Pergunte: “quais qualidades você vê em mim?”. Esforce-se para aceitar os elogios; anote-os e considere-os com carinho, mesmo que ainda não consiga enxergar-se com os mesmos olhos de quem o descreveu.

Tendo conseguido listar suas virtudes principais, é hora de registrá-las no espaço a seguir e, com calma, reservar um momento para apreciá-las cuidadosamente e acolher carinhosamente essas boas verdades sobre você. Busque lembrar-se dos momentos em que essas características contribuíram positivamente para sua vida e para a vida daqueles que estão ao seu redor. Elogiar a si mesmo pode parecer algo novo, mas, ao aceitar esse desafio, você vai vivenciar um momento transformador de autovalidação. E, vez por outra, quando as condições internas ou externas forem desfavoráveis, volte a rever e a valorizar suas virtudes pessoais. Elas são, no final das contas, um enorme patrimônio de vida.

LEMBRETE

Ser um bom amigo de si mesmo – eis aí uma conquista pessoal de alto valor que produz uma série de benefícios que talvez não possam ser obtidos de outra forma.

MEMENTO
VIVERE

DESAFIO 6

Um café com Sêneca

"Assim é o caminho da vida, incessante e muito rápido, que, dormindo ou acordados, fazemos com um mesmo passo e que, aos ocupados, não é evidente, exceto quando chegam ao fim." Tremendo, não? Essa bela percepção da vida é do filósofo estoico Sêneca, e ele a escreveu há quase dois mil anos!

Quero convidar você a, simbolicamente, planejar tomar um café bem gostoso com esse grande filósofo, cujas ideias são ainda tão contemporâneas, e fazer desse encontro metafórico algo agregador para sua vida.

Quem sabe o encontro possa acontecer num lugar bacana, em meio à natureza, onde o olhar vislumbre o horizonte, proporcionando o prazer da contemplação. Em um determinado momento, imagine Sêneca rompendo o silêncio e lançando as seguintes provocações para você:

> "Embora não possamos controlar o que acontece conosco no mundo exterior, podemos controlar nossos juízos interiores e o modo como reagimos aos acontecimentos da vida."

O que digo a Sêneca:

> "Sofremos com mais frequência na imaginação do que na realidade."

O que respondo a Sêneca:

Deguste cada instante desse desjejum, tomando nota das suas percepções sobre as ideias e provocações. Anote suas reflexões e planeje relê-las de tempos em tempos, para lembrar-se das mudanças que deseja implementar para alcançar uma vida mais significativa.

Dia e hora do meu café da manhã com Sêneca:

/ /

E que tal marcar outros encontros semelhantes no futuro?

LEMBRETE

Um personagem trazido à mente de um passado distante pode lançar luz sobre pontos obscuros que existam em algumas questões que enfrentamos no presente.

MEMENTO
VIVERE

DESAFIO 7

O visitante do amanhã

O tempo é o fio que entrelaça a nossa compreensão das coisas e de nós mesmos, contudo não acessamos todas as suas dimensões. Enquanto o passado já é conhecido e o presente está em nossas mãos, o futuro é apenas uma projeção, uma estimativa.

E se... por alguns minutos, pudéssemos ter um vislumbre do nosso "eu" cinco anos à frente?

Imagine esta cena: seu “eu” do futuro veio para uma visita. Ele está aqui para dialogar com você, trazendo consigo alguns insights sobre sua jornada futura e também uma mensagem pessoal. O que ele teria a dizer? Que visão ele compartilharia sobre quem você se tornou, suas conquistas, as experiências que moldaram sua trajetória e os desafios que superou? Pode ser um conselho prático, uma ponderação sobre suas escolhas atuais ou palavras de incentivo e celebração pelo caminho que você está trilhando.

Use seu espaço a seguir para anotar as palavras que o seu “eu” do futuro gostaria que você soubesse hoje. Ao terminar, feche os olhos por um tempo e permita que essas palavras ecoem em seu momento presente. Como elas poderiam influenciar suas decisões a partir de agora? Depois dessa visita, você pode decidir se permanecerá o mesmo ou se precisa fazer ajustes na direção escolhida para seu caminho daqui para frente.

Dia do encontro com meu “eu” do futuro:

/ /

LEMBRETE

Quando o amanhã esperançoso se encontra com o hoje esperançando, hoje e amanhã se entrelaçam em um abraço cheio de conexão e seguem juntos na construção do futuro.

MEMENTO
VIVERE

DESAFIO 8

Impulso de generosidade

Cada vez que agimos com generosidade, esse ato tem um excelente efeito sobre nós mesmos, provocando uma sensação de bem-estar que somente aqueles que são realmente generosos conhecem. Tal prazer pode ser ainda mais saboroso do que degustar um pedaço da sobremesa favorita. E suas calorias engordam apenas a alma!

Neste desafio, a proposta é expandir ainda mais o alcance da generosidade no horizonte da existência. Pode ser que você já seja alguém que regularmente contribui para uma causa com a qual se identifica ou que esteja sempre pronto para ajudar familiares e amigos. Mas o que acha da ideia de dar um passo além? Nos próximos dias, planeje uma boa ação significativa para alguém que seja desconhecido para você.

"Planejar", neste contexto, significa estar atento ao seu entorno, percebendo oportunidades para fazer a diferença de maneira consciente. Isso pode traduzir-se em ajudar um vizinho com compras pesadas ou oferecer seu tempo para ouvir alguém que precisa desabafar. Considere pagar uma refeição para uma pessoa que esteja em situação vulnerável ou sair da sua rota usual para dar carona a um colega de trabalho com quem não tem intimidade.

Após realizar sua boa ação, registre em seu *Memento Vivere* não apenas o que fez, mas também de que maneira isso o impactou. Que sentimentos surgiram? Pode ser que a vibração química despertada pelo altruísmo estimule você a continuar espalhando bondade, tendo como referência não desprezar jamais um impulso de generosidade!

LEMBRETE

Há muitos impulsos que, quando atendidos, podem conduzir a existência por caminhos destruidores. Já o impulso para agir cotidianamente de forma generosa conduz a vida por caminhos de plenitude.

MEMENTO
VIVERE

DESAFIO 9

Colecionador de raridades

Existem coleções muito caras e valiosas e outras bem curiosas e inusitadas ao redor do mundo. Desde selos raros e moedas antigas até obras de arte, joias e carros clássicos, essas coleções são protegidas com extremo cuidado por segurança especializada.

É um valioso patrimônio material, de fato, mas... precisamos ter consciência de que possuímos uma gigantesca riqueza imaterial, cujo valor não pode ser convertido em números financeiros.

As circunstâncias da vida produzem combinações únicas, gerando momentos, vínculos e vivências que só nós temos para contar. Alguns desses elementos podem ser intangíveis; é, então, quase impossível estimar o seu valor. São maravilhas do nosso mundo particular que nos tornam possuidores de verdadeiros tesouros!

Seu desafio é refletir amplamente sobre esse tesouro que pertence unicamente a você. Inspirando-se nas sete maravilhas do mundo antigo, busque ideias para fazer um registro fiel das sete maravilhas que tornam seu mundo particular especialmente belo. Não faça isso de forma apressada. Procure trazer uma representação de itens raros que você coleciona em sua memória ou que tornam sua vida uma experiência extraordinária.

Pode ser aquela amizade que é um encontro de almas, uma oportunidade inesperada que mudou seu futuro, uma lembrança... Use a criatividade para fazer cada registro! Você pode colar uma foto, uma carta, um pingente, fazer um desenho ou mesmo escrever. Assim, sua coleção de raridades estará sempre ao alcance, lembrando-o constantemente das preciosidades que já têm lugar marcado em sua história.

LEMBRETE

É tão gostoso aprender a colecionar momentos. Eu me considero um homem muito, muito rico, devido aos tantos significados que venho dando a pequenas percepções da vida, que provavelmente passam despercebidas por tanta gente que vê essas mesmas cenas do cotidiano.

MEMENTO VIVERE

DESAFIO 10

Comece com uma gaveta

Pode até parecer estranho, mas existe um método de otimização de tempo gasto na limpeza de casa propondo que se dedique a essa tarefa apenas quinze minutos por dia. Ao dividir as tarefas em pequenas etapas, o *Fly Lady* tem sido muito eficaz para quem segue sua metodologia, que vale para a organização doméstica ou para qualquer outra área da vida.

Talvez você analise seu espaço físico disponível e perceba um grande amontoado de itens desarrumados necessitando de organização. Todos passamos por essas situações, e isso pode ser muito frustrante. Algum tempo atrás, aprendi um conceito que tem me ajudado muito nos processos de organização do ambiente – faça o que for possível para deixar o ambiente ao seu redor arrumado.

O desafio agora é começar, de fato, por algum lugar. Isso você certamente pode fazer! Embora a tarefa de organizar todo esse possível amontoado de itens possa parecer enorme, escolha algo para iniciar, mesmo que seja apenas uma única gaveta metafórica.

Como sempre, use o espaço disponível para fazer um pequeno registro do seu progresso. Descreva suas sensações ao concluir cada etapa.

Aproveite para refletir sobre o fato de que toda arrumação externa que fazemos é um convite da vida para uma refinada arrumação interna em nossas emoções.

LEMBRETE

Arrumar a vida como um todo passa sempre pelo caminho de arrumar uma simples gaveta.

MEMENTO
VIVERE

DESAFIO 11

Visitação no tempo

Neste desafio, temos um assento reservado num trem imaginário que vai em direção ao passado. Acomode-se confortavelmente e aproveite a viagem que vai levá-lo por duas estações que você já visitou ao longo da vida.

A primeira estação é um dia especial em que você esteve verdadeiramente feliz. Busque na memória quais emoções tocaram sua vida nesse dia. Reviva as cores, os cheiros, os sons. Quem estava com você? O que torna essa lembrança tão preciosa? Permita-se sentir novamente a plenitude daquele dia e registre essas sensações no espaço dedicado. Faça uso de seu *Memento Vivere* para escrever, desenhar, colar fotos ou outra coisa que represente a beleza desse dia mágico.

A segunda estação talvez seja aquela à qual você tenha desejado nunca mais voltar. Pense em um momento doloroso do passado, um dia em que precisou de apoio e não o teve ou uma frustração que apunhalou sua alma. Esse exercício não é fácil, mas é poderoso. Imagine-se voltando a esse dia; agora, porém, como o adulto que pode oferecer o colo que faltou. Sinta a dor e a vulnerabilidade, assim como a força de saber que você sobreviveu a esse dia. Você está aqui, agora, e pode se acolher.

Pode ser muito libertador escrever uma carta para o seu "eu" do passado, oferecendo o apoio e o carinho de que você tanto precisava naquela ocasião. Se desejar, cole-a em seu livro e lembre-se: você não está mais sozinho, você tem a si mesmo!

LEMBRETE

A intrincada teia das memórias forja grande parte da construção do nosso eu, e acessá-las periodicamente pode vir a ser uma viagem incrível, tanto de ressignificações quanto de novas descobertas.

MEMENTO
VIVERE

DESAFIO 12

Pequenas alegrias

O desafio agora está em sintonia com a canção *Pequenas Alegrias*, de Marcela Taís. Seria bom colocá-la para tocar no seu aplicativo de música, pois isso vai ajudar a entender melhor a proposta da atividade.

Se você já assistiu ao filme *Soul*, uma animação da Pixar, vai se lembrar da história do peixe que procurava o oceano, sem perceber que já estava rodeado por ele. Isso provavelmente não é muito diferente do nosso cotidiano... Ah! Quantas vezes nos vemos idealizando os grandes momentos e nos esquecendo de valorizar o que já temos ao nosso redor!

As “pequenas alegrias”, como diz a letra da música, estão nos momentos e detalhes que tantas vezes podem passar despercebidos. Ao ouvir a música, busque fazer exatamente o que ela sugere no refrão: juntar essas pequenas alegrias que estão presentes ao seu redor. Pode ser o cheiro do café passado logo de manhã, ser recebido pelo seu pet ao final do dia, ver o pôr do sol na varanda...

Para deixar o desafio ainda mais divertido, em vez de escrever uma lista, convido você a desenhar. Se esse é um talento que você possui, suas ilustrações vão deixar este livro ainda mais bonito. Caso você não seja um desenhista nato, considere que pelo menos os “bonequinhos de palito” vão te fazer sorrir, somando essa tarefa às pequenas alegrias do seu dia!

LEMBRETE

À medida que treinamos a percepção, somos capazes de enxergar ao redor de nós um cotidiano encantador, repleto de microcenas extraordinárias que ficam sempre ali, à espera de serem percebidas por aqueles que são amantes do belo.

MEMENTO VIVERE

DESAFIO 13

Contato com a espiritualidade

Habitamos um mundo concreto e estamos cercados pela materialidade, mas é facilmente perceptível que a vida não se resume a essa concretude. Quando entramos em contato com a espiritualidade, reconhecemos que há algo transcendente que permeia o fio da existência. Esse entendimento pode ser fundamental para libertar-nos da tentativa nociva de viver apenas do material e de querer controlar tudo.

Independentemente de qualquer viés religioso formal, há um impulso pelo invisível em cada um de nós que transcende a realidade concreta. Neste desafio, quero convidar você a planejar um delicioso momento para buscar essa conexão com sua espiritualidade. Ela pode ajudá-lo a obter uma maior clareza em algum aspecto que talvez esteja incomodando sua alma. Pode ser também uma excelente oportunidade para o silêncio e a reflexão.

É importante que seja escolhido um local que inspira tranquilidade e introspecção. Você pode meditar ou fazer uma prece. Ler um trecho de um texto espiritual que lhe traga paz também pode ser muito bom. Desligue-se de qualquer distração tecnológica e ouça, ouça atentamente.

Em seguida, registre suas percepções: o que ouviu e sentiu; e as pequenas revelações e mudanças que surgiram. Permitir-se essa experiência de ir além do material dificilmente nos deixa da mesma maneira que estávamos. Essa é mais uma prática que pode ser incorporada à sua rotina em busca de uma vida melhor.

LEMBRETE

Como parte de um mundo tão fragmentado, o exercício de uma espiritualidade saudável pode agregar um conjunto de valores de vida que tornam o caminhar pela existência muito mais consistente e abençoado.

MEMENTO VIVERE

DESAFIO 14

Mesa e celebração

Ao redor do mundo, culturas se diferem em muitos aspectos, mas o hábito de partilhar uma refeição aparece em quase todas elas como elemento primordial da convivência entre seres humanos. Seja ao redor da mesa ou sentados no chão, usando talheres, *hashi* ou as mãos, em porcelana fina ou folhas de bananeira... a comunhão ao redor da mesa é um gesto quase universal de afeto e conexão.

Para este desafio, planeje demonstrar carinho a pessoas queridas através de uma experiência especial e diferenciada à mesa. É altamente desejável que você mesmo prepare a refeição, de preferência com uma receita nova e bem legal. A ideia é produzir um momento realmente incrível para pessoas amadas.

Ah, e sabe aquelas louças que quase sempre ficam guardadas esperando uma ocasião especial? É uma boa hora para tirá-las do fundo do armário. A vida em si é uma ocasião especial que merece sempre ser celebrada!

Não há impedimento se você não possuir habilidade na cozinha. Não tem problema produzir uma versão alternativa! Convidar essas pessoas para um jantar em um restaurante que você nunca visitou ou em um que você aprecia muito pode ser uma ótima opção. O importante é que seja algo planejado e que envolva pessoas cuja presença lhe traga bem-estar.

Data para a mesa de celebração:

/ /

Convidados:

Depois do evento registre em seu espaço dedicado um pouco das sensações deixadas após a celebração.

LEMBRETE

Transformar uma ocasião rotineira em algo especial e inesquecível é uma verdadeira arte, conquistada apenas por aqueles que se tornam, a cada dia, artistas de uma existência fantástica.

MEMENTO VIVERE

DESAFIO 15

Silêncio contemplativo

No dia anterior ao seu aniversário de 27 anos, o americano John Francis tomou uma decisão radical: ficaria em silêncio por 24 h. Essa experiência, inicialmente breve, acabou se estendendo por semanas, meses e, surpreendentemente, por 17 anos. Ele descobriu que, durante os primeiros 27 anos de sua vida, nunca tinha realmente escutado ninguém. Optar pelo silêncio permitiu-lhe ouvir e, como consequência, verdadeiramente aprender.

Embora não precisemos seguir um voto de silêncio tão prolongado, podemos adotar o conselho dado por John quando decidiu falar novamente: “aconselharia escutarmos uns aos outros”. Quantas vezes, em nossas conversas diárias, estamos mais preocupados em responder do que em compreender e praticar uma escuta ativa? Quantas oportunidades de aprendizado perdemos por subestimar o valor do silêncio?

O que acha de planejar um tempo para o silêncio contemplativo? Pode ser um dia inteiro, um turno ou algumas horas. Comunique às pessoas próximas o seu objetivo; isso pode facilitar a realização do desafio. Encontre um lugar tranquilo, faça uma caminhada, interaja com a natureza e permita-se simplesmente contemplar. O objetivo é conectar-se com a voz da vida ao seu redor.

Mantenha este livro por perto durante o desafio e use o espaço a seguir para registrar seus insights e sensações. Nessa jornada silenciosa, papel e caneta serão excelentes companheiros!

Meu momento de silêncio contemplativo será:

/ /

LEMBRETE

Aprender a escutar a voz do silêncio
é um caminho insubstituível
para conseguir escutar a voz da
vida, que sussurra sua sabedoria
ininterruptamente aos nossos ouvidos.

MEMENTO VIVERE

DESAFIO 16

Ritual de degustação

Degustar é um verbo que nos conecta diretamente ao paladar, referindo-se a uma avaliação atenta ou a uma experimentação cuidadosa de um sabor. Esse significado nos leva a um outro verbo que tem tudo a ver: apreciar. Que delícia é degustar algo que apreciamos!

Convido você a estender o conceito de degustação para outra área da vida: suas memórias positivas. No ritual de degustação proposto neste desafio, os "pratos" devem ser as boas experiências vividas ao longo de um período que você determinar. Uma boa sugestão é usar a marca de uma semana para apreciar esse precioso menu de memórias.

O primeiro passo é reservar o quanto antes esse tempo específico em sua agenda. Todas as suas atividades rotineiras continuarão iguais, porém haverá um foco na degustação especial de cada momento vivido nesse período.

Minha escolha de data para o ritual de degustação é:

/ /

Permita-se viver intensamente esse ritual. Ao término do período escolhido, convido você a dedicar um tempo específico para recordar o máximo de emoções positivas que experienciou. Feche os olhos e permita-se reviver essas sensações, saboreando-as vagarosamente. Reflita sobre suas alegrias e realizações, por menores que possam parecer.

Ao contrário do que ocorre com a comida, a degustação dessas memórias nunca poderia ser considerada um exagero. O jejum dessa experiência, no entanto, pode ressecar a alma aos poucos, tornando-nos amargos por dentro. Liste em seu *Memento Vivere* todos os momentos bons que conseguir lembrar. Essa prática não apenas fortalece a gratidão, como também revive e prolonga sentimentos positivos, mantendo viva a consciência de que a felicidade reside nos detalhes da vida.

LEMBRETE

Criar intencionalmente memórias saudáveis pode ser infinitamente mais lucrativo para a vida do que a conquista de bens materiais.

MEMENTO VIVERE

DESAFIO 17

Tribunal da consciência

O convite hoje é para uma visita a um tribunal diferente: o tribunal da sua consciência, onde você vai atuar como promotor, advogado de defesa e juiz, explorando questões profundas sobre si mesmo.

Esse exercício pode ser muito revelador sobre diferentes aspectos de sua vida. Comece o processo escolhendo uma situação real de sua vida para ir ao "tribunal": pode ser a falta de atenção ao relacionamento, uma imprudência na carreira ou o excesso de exigência com os filhos.

A questão é: reserve, então, uma data adequada para esse autojulgamento acontecer. Planeje como um acontecimento especial.

A data do julgamento é:

___ / ___ / ______

Hora do julgamento. Aja primeiro como promotor e busque formular acusações claras: "por que você agiu assim?".

Dedique tempo permitindo que essas "acusações" ressoem em sua mente. Seja incisivo ao fazê-las!

Questionamentos e respostas: agora, assuma a função de advogado de defesa. De um modo realista e honesto, justifique suas ações com razões que contextualizem e suavizem a percepção do júri. Por exemplo, se negligenciou o relacionamento devido à sobrecarga no trabalho, tomou decisões na carreira sob pressões externas ou exigiu muito das crianças tentando protegê-las.

Argumentos da defesa:

Por fim, exerça o papel de juiz. Você é capaz de dar a si mesmo um veredito justo? Isso significa equilibrar empatia e rigor, sem ser condescendente nem carrasco consigo mesmo.

Sentença do tribunal:

A "sentença" é favorável a você? O que ela lhe revela?

Você pode repetir esse exercício sempre que desejar analisar um comportamento, traço ou decisão. Se sua mente estiver fervilhando com ideias de situações que você quer submeter ao tribunal da consciência, planeje tribunais periódicos com sua pessoa.

LEMBRETE

Todo encontro que temos com a nossa alma traz consigo um enorme potencial de oferecer clareza a ideias que estejam embaralhadas ou que sejam obscuras.

MEMENTO VIVERE

DESAFIO 18

Morada nova

Poucos eventos na vida carregam em si o potencial transformador de uma mudança de casa. Um novo espaço é como uma tela em branco para decorar: podemos manter parte do nosso estilo ou dar a chance a algo totalmente novo.

A experiência de uma mudança também nos ensina a necessária arte de deixar ir. Ao nos organizarmos em outro espaço, quase sempre precisamos abrir mão de alguns itens considerados, a princípio, indispensáveis, mas que não parecem se encaixar na nova morada.

Mesmo que não haja um novo endereço em seu radar, vamos embarcar em um exercício de imaginação?

Dedique um tempo para refletir sobre como seria a casa para a qual você gostaria de se mudar... Ela tem um quintal espaçoso? Como é a vizinhança? Você está mudando sozinho ou acompanhado? Considere o que você levaria consigo e do que precisaria se desapegar. Pense em como tornaria esse novo espaço acolhedor – um reflexo da sua essência.

Use seu *Memento Vivere* para descrever a nova casa que você tem em mente como o espaço ideal para suas necessidades. Inclua na bagagem os sentimentos e mudanças que essa transição traria. Você também pode desenhar, escrever ou colar recortes e imagens que representem essa nova morada.

LEMBRETE

De forma ampla, sou o lugar onde estou. Então, se minha alma está em paz, essa paz estará presente em qualquer lugar onde eu esteja.

MEMENTO
VIVERE

DESAFIO 19

A arte de surpreender

Cada vez que vivemos uma situação inesperada, lá está ela: a surpresa, uma das emoções básicas universais. Em segundos, ela nos ajuda a identificar se o ocorrido é positivo ou negativo. Se for algo positivo, preparado por alguém querido, nossos olhos arregalados, sobrancelhas erguidas e queixo caído logo se transformam em um sorriso largo e um abraço apertado.

Quando somos surpreendidos, a percepção de que algo é melhor do que o esperado nos inunda de empolgação, admiração e uma gostosa sensação de pertencimento, geralmente acompanhada pelo pensamento: "nossa, como essa pessoa me conhece!". Ser o causador dessa emoção em alguém que amamos é ainda mais gratificante. Ver a reação do outro àquilo que preparamos nos preenche de alegria e fortalece o vínculo da relação.

Seu lindo desafio nesta atividade é planejar uma maneira de surpreender alguém que você ama. Escolha um dia para fazer algo diferente e inesperado. Planeje cuidadosamente, para não ser descoberto. Pode ser um gesto simples, como um café da manhã especial, ou algo maior, como uma celebração com amigos. Se necessário, peça ajuda a outras pessoas queridas para conseguir realizar seus planos. Não se esqueça de registrar aqui neste livro a reação da pessoa surpreendida e seus próprios sentimentos ao vê-la feliz!

Quem vou surpreender:

O que vou realizar como surpresa:

Em seu espaço abençoado, busque fazer algum relato de como foi essa experiência.

LEMBRETE

Aproximar-se do outro para provocar intencionalmente o bem é um gesto de grandiosidade expresso pelos seres humanos que são tocados por uma sensibilidade profunda.

MEMENTO
VIVERE

DESAFIO 20

Primavera da vida

Em qualquer estação que esteja neste momento, imagine que uma renovadora primavera finalmente chega à sua vida. Os tons acinzentados do longo inverno se dissipam suavemente, cedendo espaço a folhas verdejantes e botões de flores prestes a desabrochar. Uma brisa suave sopra histórias de renovação e renascimento. Essas folhas verdejantes simbolizam todas as oportunidades e conquistas que a vida reserva nesta nova estação.

Em sua própria primavera interior, que nomes essas folhas poderiam ter? Talvez esperança... coragem... perdão... cura... Reflita sobre suas experiências e até sobre os amores que foram renovados. Cada folha é uma expressão única de sua jornada pessoal de crescimento.

Você pode registrar os nomes de cada uma delas no jardim simbólico que está crescendo em seu *Memento Vivere*. Este simples exercício o convida a olhar para dentro, descobrindo quais folhas estão florescendo em seu jardim pessoal. Uma percepção antiga, atribuída a diferentes autores, é revestida de clara beleza e verdade: "podem cortar todas as flores, mas não podem deter a primavera". Assim também é sua vida: não importa o rigor do inverno que passou, ela sempre encontra um caminho para florir novamente.

LEMBRETE

A duração da vida que nos é dada importa menos do que a qualidade que lhe infundimos em cada dia. É privilégio de todo ser humano transformar seu tempo em uma bela primavera existencial.

MEMENTO VIVERE

DESAFIO 21

Para além do espelho

Há algo fundamental para uma vida feliz, mas que pode ser particularmente desafiador: aceitar o próprio corpo. Frequentemente nos comparamos com um padrão irreal de perfeição, e isso nos faz pensar que precisamos de diversos "ajustes", seja no formato do nariz, na pele oleosa, no cabelo que cai, na barriguinha que dobra, nas rugas que aparecem... E, quando nos olhamos no espelho, enquanto os olhos agem como um verdadeiro radar de imperfeições, corremos o risco de não ver o principal: o corpo que temos é o instrumento por meio do qual experimentamos o mundo. Esse simples fato já o torna sagrado e digno de amor.

A tarefa deste desafio é fazer possíveis ajustes na sua relação com o espelho, o instrumento que reflete a estrutura do corpo. Que tal ajustar o olhar para a imagem refletida e relembrar os aspectos físicos positivos que estão presentes em você? Descreva em seu *Memento Vivere* pelo menos cinco percepções de si mesmo que talvez tenham sido esquecidas ou que sejam pouco valorizadas.

Dedique um tempo refletindo sobre esses itens e procure algumas estratégias que o ajudem a reforçar periodicamente uma boa visão de si mesmo. Padrões ilusórios do corpo são despejados nas redes sociais o tempo todo. Talvez seja um bom momento para tomar algumas decisões acerca de quem está eventualmente produzindo uma influência negativa em seu jeito de olhar-se. Uma excelente expansão deste desafio é aproveitar essa oportunidade reflexiva para avaliar suas atividades físicas. Seja dança, caminhada, corrida, academia... afinal, qualquer atividade produz bem-estar. Já o processo de acomodação pode trazer resultados negativos para sua vida.

Por fim, no espaço dedicado, tente elaborar uma frase que retrate uma postura que você considera adequada e leve em relação ao seu corpo, lembrando-se sempre da importância vital que ele desempenha em absolutamente todos os aspectos de sua vida.

LEMBRETE

À medida que desenvolvemos paz interior, a percepção de quem somos de verdade pode estruturar-se de maneira consistente e produzir muitos benefícios existenciais.

COMPAIXÃO
MEMENTO VIVERE
EMPATIA
RESILIÊNCIA
ESPERANÇA
ACEITAÇÃO
AMOR

DESAFIO 22

Acumulação do bem

A palavra "acumular" quase sempre carrega consigo uma conotação não tão agradável, pois remete a excesso, trazendo à lembrança pessoas que acumulam coisas: objetos, roupas, papéis e quinquilharias, que, com o tempo, se transformam em incômodas tranqueiras. Também nos faz pensar naquelas pessoas que só se preocupam em acumular dinheiro, reduzindo a felicidade à quantidade de bens materiais que possuem. Essa má acumulação gera indivíduos sobrecarregados e infelizes.

Existe, porém, outro tipo de acumulação, uma que é profundamente positiva. Acumular bons atos – um sobre o outro, continuamente – é um caminho bem seguro para construir um caráter íntegro e uma vida mais feliz!

Acolha o convite para acumular virtudes que sejam agregadoras para sua existência. Pense em qualidades que enriquecem a vida, como generosidade, paciência, empatia, gratidão, coragem, sabedoria, bondade... e tantas outras que você certamente conhece.

Mãos à obra! A ideia para este desafio é que você reflita sobre virtudes que tenham mais aderência ao seu jeito de ser. Eleja pelo menos quatro delas, aquelas que você gostaria de praticar ativamente nos próximos dias. Quais são elas?

Agora seria bom você pensar em pequenas estratégias para tornar real esse processo de acúmulo do bem.

Estratégias:

Busque uma forma legal de relatar isso em seu espaço.

Seja um grande acumulador do bem!

LEMBRETE

Ah... quão milionária se torna a pessoa que prioriza a acumulação genuína e desprendida de tudo aquilo que é sublime. Acumular o bem produz leveza na alma!

MEMENTO
VIVERE

DESAFIO 23

Sacudindo a poeira

Muitos de nós, na tentativa de evitar confrontos em questões da vida diária, optamos por uma saída aparentemente simples, mas frequentemente desastrosa: jogar os problemas para debaixo do tapete. Ainda que motivado por boas intenções – seja para evitar discussões ou priorizar as necessidades dos entes queridos –, o empilhamento de questões não resolvidas pode ser comparado ao resultado de acumular sujeira embaixo de um tapete. O problema não se resolverá, e as consequências, literais ou metafóricas, serão desagradáveis.

Sempre é tempo de "levantar o tapete" e encarar o que está escondido lá. O convite é que você faça uma análise honesta de quais são as questões que tem evitado enfrentar. Trata-se de um conflito não resolvido? Um objetivo adiado? Ou sentimentos reprimidos, como mágoa ou tristeza? Registre também as medidas que você pode tomar para começar a resolver as questões que descobriu. Pode ser conversar com alguém, buscar orientação profissional ou simplesmente iniciar uma mudança de hábitos.

Questões	**Medidas**

Após este exercício, talvez seja adequado escrever uma carta para si mesmo descrevendo como se sentiu ao enfrentar esse "tapete emocional". Anote suas percepções no espaço do *Memento Vivere* para servir como referências futuras. Sacudir a poeira requer coragem, mas a sensação de ter a casa – interna e externamente – limpa é profundamente recompensadora!

LEMBRETE

Não há tapete que seja capaz de esconder permanentemente as questões que estão em aberto no chão de nossa vida.

MEMENTO VIVERE

DESAFIO 24

Multiverso

Existem teorias que sugerem a existência de múltiplas dimensões da realidade, e vários filmes brincam com essa possibilidade. É o que acontece no vencedor do Oscar *Tudo em todo o lugar ao mesmo tempo* (2022), ou nas produções da Marvel, em que os clássicos heróis estão inseridos em um complexo multiverso.

Para além de debater a maluquice dessas ideias, pode ser uma jornada fascinante e reveladora mergulhar num faz de conta onde o multiverso seja real.

Imagine: e se... numa outra dimensão, existisse um outro "você"? Como seria sua vida lá? O que estaria fazendo?

A sua outra versão pode ter tomado diferentes decisões e trilhado caminhos distintos. Talvez tenha outra carreira, more em outro país ou cultive paixões e hobbies que nunca cruzaram seu caminho.

O convite para mergulhar nessa reflexão é que você dedique um tempo para explorar essa versão alternativa de si mesmo. Permita-se sonhar e desvendar essas possibilidades. Pode ser divertido e revelador!

Expresse no seu *Memento Vivere* uma narrativa breve sobre sua vida nesse multiverso. Em seguida, pense no que esse mundo paralelo pode ensinar sobre sua realidade atual. Existe algo que você possa trazer para sua vida diária? Anote suas descobertas e considere como incorporá-las em seu cotidiano. As respostas que você busca podem estar ocultas nesses horizontes que, até aqui, permanecem inexplorados.

LEMBRETE

Nada deveríamos temer em um processo de autoconhecimento, por mais profundo que ele seja. Nesse universo real ou em um multiverso imaginário, há algo sobre você que é imutável: sua essência de ser humano.

MEMENTO VIVERE

DESAFIO 25

Transitoriedade do próximo movimento

"Estou na transitoriedade do meu próximo movimento."

Em meio aos ciclos da vida, há momentos em que essa frase, dita certa vez por uma aluna, ecoa em minha mente.

Esse pensamento revela a natureza fluida e contínua que envolve todo processo de mudança, como uma dança incessante ao som dos ritmos imprevisíveis da existência. Significa, por exemplo, que um momento equivocado não define quem somos. Isso é simplesmente maravilhoso, e incorporar à vida essa importante verdade produz algo de muito agradável em nossa estrutura emocional.

A poetisa Ryane Leão encapsula essa percepção com um verso que se desdobra num sábio conselho: "desejo que você entenda que só erra ou acerta o passo quem segue dançando a vida". Essas palavras ressoam profundamente, solidificando a compreensão de que até mesmo os movimentos incertos compõem a coreografia singular de nossa jornada.

O desafio agora é você procurar identificar qual área de sua vida está na transitoriedade do próximo movimento. Reflita conscientemente sobre isso e questione-se acerca de como está sua navegação por essa mudança. Faça do espaço neste livro um testemunho pessoal de sua evolução. O que acha de listar os seus medos, esperanças e as lições que já aprendeu? Em seguida, comprometa-se a abraçar a mudança como uma constante. Afinal, independentemente dos tropeços ou sucessos, o importante é continuar dançando!

LEMBRETE

Quando compreendo que me encontro continuamente na transitoriedade do meu próximo movimento, deixo o espaço aberto para o que virá e sei que o que já houve não precisa travar a minha existência. O próximo movimento ainda não foi definido.

MEMENTO
VIVERE

DESAFIO 26

O fluxo da existência

É bem possível que você conheça o conceito do devir, do filósofo Heráclito, cuja essência pode ser descrita assim:

"Ninguém pode entrar duas vezes no mesmo rio, pois quando nele se entra novamente, não se encontra as mesmas águas, e o próprio ser já se modificou."

Esse conceito ancestral rende profundas interpretações metafóricas. Entretanto, para este desafio, antes de chegarmos ao seu sentido figurado, que tal testemunhar sua literalidade em meio à natureza?

Você pode visitar uma nascente, ir até a beira de um rio ou riacho ou, ainda, programar um passeio até uma cachoeira. Sente-se à margem e, se possível, molhe os pés na água. Ouça o som da correnteza e observe seu curso implacável, deslizando sobre pedras, galhos e outros obstáculos. Sinta a fluidez da vida acontecendo diante de você. O mesmo rio tem o poder de levar, em suas águas, as coisas ruins das quais queremos nos desprender, e também a força de nos trazer coisas maravilhosas!

Vamos colocar em prática o que essas águas podem fazer? Escolha uma folha seca de árvore e pense em algo negativo de que você gostaria de se libertar – talvez um perdão que tanto espera, um arrependimento ou até mesmo uma mágoa que não lhe tem permitido seguir em frente... Lance a folha na água e deixe a correnteza levar esse sentimento embora.

Há uma música que pode combinar com esse momento: *Como uma onda*, de Lulu Santos. Permita que a melodia e os versos dessa canção guiem seus pensamentos durante essa experiência. Enquanto ouve que "nada do que foi será de novo do jeito que já foi um dia. Tudo passa, tudo sempre passará", considere a seguinte questão: "como posso deixar minha vida fluir melhor?". Seja inspirado pelas águas e registre sua resposta neste espaço de constante renovação.

LEMBRETE

Ao viver esse constante devir, posso dizer que vivo bem o dia de hoje. E é assim que cada ontem que passou se torna uma gostosa saudade, e todo amanhã que ainda chegará está revestido de abençoada esperança.

27

DESAFIO 27

Mudança de paradigmas

Todos possuímos paradigmas – padrões mentais que, uma vez aprendidos, aplicamos às diferentes questões da vida. Certos paradigmas, porém, se tornam ultrapassados com o tempo. No passado, a ciência dizia que fumar era benéfico para a saúde. Mais atrás na história, houve um período em que lavar as mãos não era um hábito. Imagine como seria precária a existência se ficássemos para sempre presos às mesmas certezas estabelecidas... talvez ainda estivéssemos na Idade da Pedra!

Quando o assunto é a mudança de paradigmas, é natural sentir-se resistente. A tendência é associar constância e previsibilidade a segurança, em contraste com a volatilidade de tantos revolucionários que trocam de ideias como mudam de roupa. Entretanto, como dito por vários autores, "o que é duradouro não é o que resiste ao tempo, mas o que sabiamente muda com ele".

O objetivo deste desafio não é você abrir mão de tudo que constitui o seu jeito de ser no mundo, e sim permitir-se fazer algumas atualizações necessárias para que a vida seja melhor.

O que acha de listar aqui três paradigmas que você incorporou como certezas e sente que precisam ser mudados? Se não encontrar nenhum, pergunte a alguém próximo se há algum assunto com o qual você tende a ser meio cabeça-dura. Ouça com leveza e reflita – novos pensamentos e atitudes podem trazer mais plenitude à sua vida. Se, no processo, o medo de mudar surgir, lembre-se da seguinte frase de Anaïs Nin: "... e chega o momento em que o risco de continuar como botão é mais doloroso que o risco de desabrochar".

Em seu espaço de criatividade, procure representar como seria a mudança desses paradigmas para você.

LEMBRETE

É provável que nossa capacidade de mudar seja maior do que imaginamos. Então, fazer ajustes frequentes no modo de pensar e agir torna a vida uma aventura na qual novos caminhos se descortinam no horizonte.

MEMENTO VIVERE

DESAFIO 28

Desapego necessário

Muitas vezes, para "desentulhar" não só a casa, mas também a vida, não basta apenas vontade. É preciso aquele empurrãozinho certo que nos tira da inércia e nos coloca em ação. Imagine este desafio como o impulso que você talvez não estivesse esperando, mas do qual necessita! A ideia é que, durante uma semana, todos os dias, você escolha um cômodo ou móvel para "passar um pente-fino" de desapego. Para tornar o processo bem prático, sugiro que você prepare três caixas ou sacolas com etiquetas distintas: doar, consertar e descartar.

A partir daí, você pode estabelecer alguns critérios. Pergunte-se: "eu realmente usei este objeto no último ano?". Se a resposta for não, você estará diante de um forte candidato ao desapego. Em seguida, avalie: "ele está em boas condições?". Se sim, coloque na pilha para doar. Do contrário, a próxima pergunta deve ser: "pode ser consertado?". Se sim, destine-o à pilha de consertar. Se a resposta for negativa, leve-o direto para a pilha de descarte. Mas atenção: doe o quanto antes aquilo que escolher doar! Evite que o medo de se arrepender o faça reconsiderar a decisão e devolver objetos não utilizados ao armário.

Ao desapegar materialmente, você também pode estar se libertando de uma certa carga emocional que esses objetos talvez representem. O desapego é mais do que criar espaço; é abrir caminho para novas possibilidades. Se possível, tire uma foto de cada cômodo antes de começar e, ao concluir o desafio, tire uma foto também para valorizar o que foi feito.

Registre o que sentiu ao trilhar essa pequena e importante jornada de desapego.

LEMBRETE

Quanto crescimento emocional desenvolvemos ao percebermos de quão poucas coisas necessitamos para uma vida plena.

MEMENTO VIVERE

DESAFIO 29

Playlist intransferível

Uma trilha sonora bem escolhida tem o poder de abrilhantar um bom filme. Não à toa, desde 1935, essa categoria é destaque no Oscar, a maior premiação do cinema. A música define o clima de cada cena, conduz nossas emoções e nos ajuda a mergulhar no universo da história. Algumas são tão marcantes que, ao ouvirmos apenas alguns acordes, já sabemos a qual filme pertencem!

Em nossa história pessoal, algumas músicas têm um poder semelhante. Uma canção pode funcionar como uma cápsula do tempo, que nos transporta direto para uma memória específica. E algumas letras podem descrever nossas lembranças tão bem, a ponto de parecer que foram compostas especialmente para nós. De alguma forma, aquela parece ser a trilha sonora da nossa vida!

Seu desafio agora é estruturar uma playlist, pessoal e intransferível, com essas canções que capturam um pouco (ou muito) da sua essência. Talvez não sejam muitas, mas é imprescindível que você escolha aquelas capazes de sintetizar seu jeito de ser, a ponto de dar a impressão de que foram compostas para a sua vida. Utilize o seu aplicativo de música favorito para isso. Escolha melodias que o façam refletir intensamente, que provoquem sentimentos profundos; músicas que, depois de escutadas, o transformem de alguma maneira. Revisite essa playlist periodicamente e considere atualizá-la sempre que uma nova canção eternizar um capítulo da sua história.

Em seu belo espaço, coloque os nomes dessas canções.

LEMBRETE

A todo instante, a vida está cantando novas canções que fazem sentido para nossa existência. Estamos aprendendo a escutá-las?

MEMENTO
VIVERE

DESAFIO 30

Coleção de perdas

Desde a infância, experimentamos o gosto amargo das perdas e, à medida que crescemos, aprendemos um pouco do seu duro significado e de sua dor. Seja uma derrota nos esportes, a partida de um animal de estimação querido ou a quebra de um brinquedo precioso, essas experiências podem marcar profundamente nosso ser. Com o passar do tempo, as perdas crescem em tamanho e intensidade, deixando marcas indeléveis em nossa jornada.

Judith Viorst, em seu livro *Perdas Necessárias*, oferece uma perspectiva intrigante sobre o enfrentamento dessas perdas ao longo da vida: "Enfrentando as muitas perdas trazidas pelo tempo e pela morte, tornamo-nos um eu que chora e se adapta, encontrando em cada estágio – até o último suspiro – oportunidades para transformações criativas". As perdas são inevitáveis, mas podemos avançar, mesmo diante delas, e construir uma versão ainda melhor de nós mesmos.

Querendo ou não, todos temos uma coleção de perdas que vamos acumulando no curso da existência. Neste desafio, o convite é que você escreva sobre suas experiências de perda. Reflita sobre como cada perda experimentada, seja de uma pessoa, uma oportunidade ou um objeto, afetou de alguma forma sua vida. É provável que, em alguns momentos, você tenha achado que não poderia superá-las. Como se sente agora ao relembrar esses momentos? Utilize seu espaço no *Memento Vivere* para organizar suas reflexões e registrar os aprendizados adquiridos com as perdas ao longo de sua jornada.

LEMBRETE

Não escolhemos as perdas que acumulamos na jornada da vida, e muitas delas têm o poder de nos desestabilizar. Ressignificar as perdas é um processo quase sempre lento e doloroso, mas seu poder curativo é fantástico!

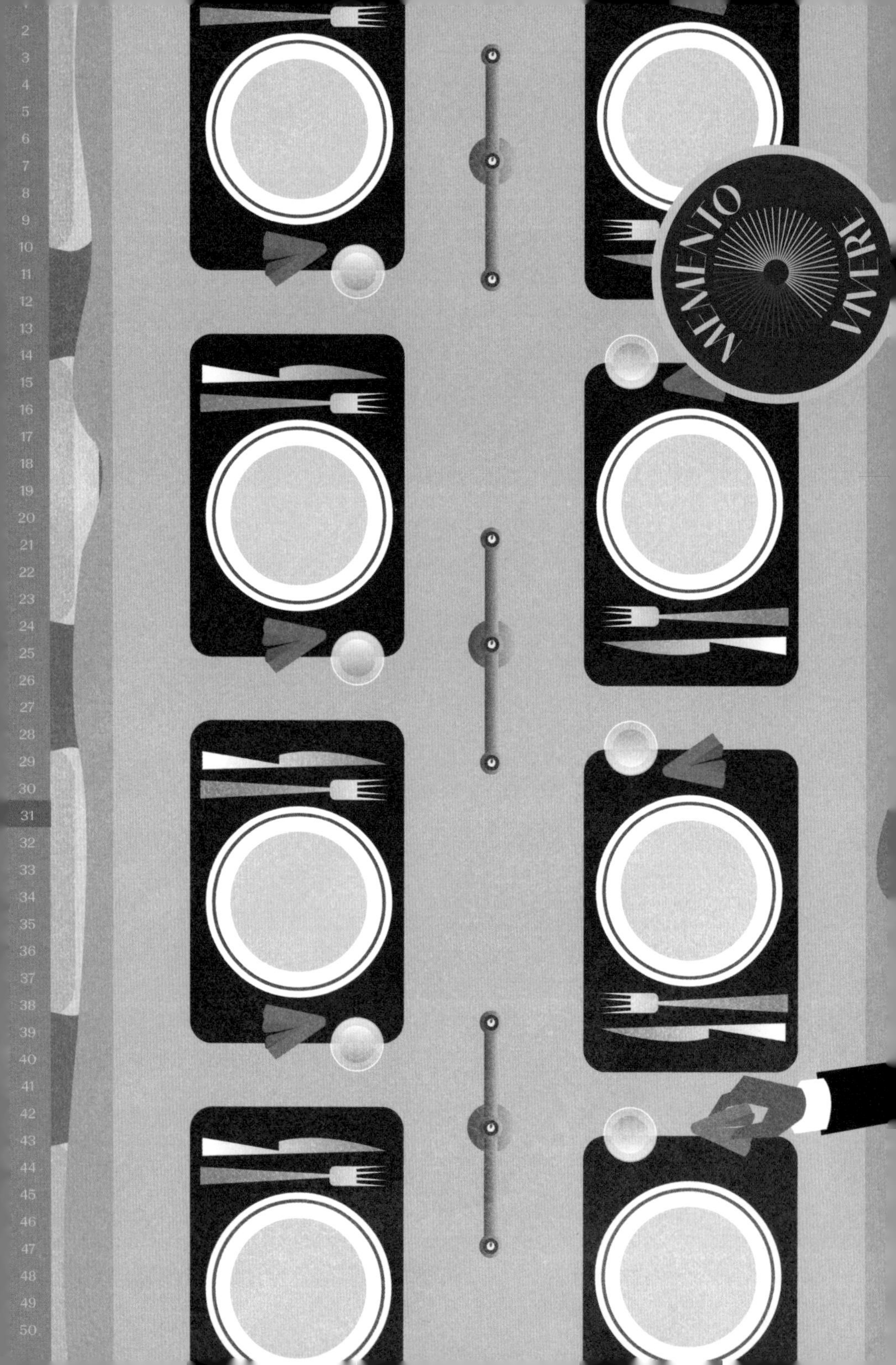
MEMENTO VIVERE

DESAFIO 31

Fazer a ocasião

Normalmente, as datas comemorativas são ocasiões para diferentes celebrações: nos aniversários, celebramos a vida; as festas ao final do ano reúnem toda a família; e o Dia dos Namorados inspira gestos românticos entre os casais. A lógica do mercado não nos deixa esquecer tais eventos.

Muitos dizem que não precisamos de uma data específica para criar momentos especiais. Essa é uma pequena verdade que não deveria ser negligenciada. É interessante que é mais fácil saber disso do que colocar em prática a sua essência no cotidiano. No entanto, as datas só se tornam realmente especiais à medida que criamos intencionalmente esses momentos marcantes.

Este é o seu próximo desafio: escolher um dia comum entre os que estão logo à frente e transformá-lo em algo extraordinário! Dê atenção a cada detalhe: o que fará, com quem estará, o que vestirá, aonde irá. Que tal preparar uma refeição deliciosa e decorar seu espaço com flores e velas? Ou usar suas roupas favoritas para ir a um lugar que ama? Quem sabe até fazer uma viagem "relâmpago", no final de semana, para conhecer aquela cidade que há tempos você espera o tal "momento ideal" para visitar?

O dia comum que escolho para tornar muito especial é:

/ /

Anote os preparativos e as suas emoções ao longo do planejamento. E, depois dessa experiência, não deixe de registrar suas impressões. Tudo isso é *Memento Vivere*!

LEMBRETE

Pequenas ações proativas são capazes de provocar grandes mudanças na forma como as pessoas percebem aquilo que as rodeia.

MEMENTO
VIVERE

DESAFIO 32

Se não tem solução... solucionado está!

A sabedoria popular guarda pérolas valiosas, e o ditado mencionado na abertura deste desafio é uma delas. Ao longo da vida, nos deparamos com situações que não podemos alterar de acordo com nossa vontade: as escolhas das pessoas com quem convivemos, eventos futuros incertos, uma percepção injusta de alguém, as consequências de decisões passadas... A lista é quase interminável!

O que fazer diante de inúmeras questões que estão fora do horizonte de nossas resoluções? Uma atitude de sabedoria cotidiana consiste em aprender a não nos entregarmos ao desânimo e a cultivar a aceitação. Afinal, se algo não tem solução, qual é o propósito de continuar sofrendo?

O desafio agora é que você identifique alguma situação atual em sua vida que esteja lhe provocando incômodo, mas cuja resolução foge do seu controle.

A situação que identifico é:

Procure agora expressar em palavras a sua frustração por não conseguir mudar as circunstâncias envolvidas na questão escolhida. Dê espaço para os sentimentos que estão presentes, como raiva, impotência e angústia.

Agora é hora de registrar em seu *Memento Vivere* uma decisão consciente, talvez um primeiro passo para praticar a aceitação de que você está deixando essa questão fora de suas preocupações primordiais.

Releia o que escreveu sempre que sentir necessidade de paz interior e serenidade. É um processo que pode demorar, mas é viável. Use essa perspectiva como um símbolo de seu compromisso em aceitar o que não pode ser mudado e seguir em frente com mais leveza.

LEMBRETE

É tão saudável relembrar que não precisamos de soluções para todas as questões da existência. A vida seria bem chata se tudo fosse completamente resolvido...

MEMENTO
VIVERE

DESAFIO 33

Desfrutando do momento presente

Vivenciar o presente não é um sonho utópico, mas uma necessidade real de nosso tempo, tão caracterizado pela correria da urgência e pela busca incansável daquilo que está em outro tempo e em outro lugar. Em meio a toda essa dinâmica apressada da existência, é tão fácil esquecer o valor absoluto do agora que temos à disposição. Se nos perdermos em meio a esse ritmo possivelmente frenético, podemos vivenciar ansiedade, estresse e a consequente perda da plenitude dos momentos cotidianos.

É hora de resgatarmos a simplicidade de viver o momento presente!

Vamos praticar um pouco de atenção plena? Ao longo de pelo menos uma semana, escolha duas atividades diárias e transforme--as em momentos de verdadeira presença. Em vez de realizá-las com pressa, mergulhe nos detalhes: sinta os aromas, escute os sons, perceba as texturas. Nem é preciso dizer que a tecnologia não deve fazer parte desse momento... O objetivo é trazer os pensamentos de volta para o "aqui e agora" e experimentar o prazer enquanto ele acontece, sem distrações.

Dias que escolho para realizar essa experiência:

Atividades do meu cotidiano que estarão nesse processo:

Pense nessa prática como uma forma de criar memórias mais vívidas. Ao revivê-las, essas lembranças trarão de volta com grande intensidade as sensações prazerosas que você experimentou durante os momentos de atenção plena. Faça um registro de suas reflexões em seu *Memento Vivere*.

LEMBRETE

Esse agora é, de fato, o único tempo com o qual posso contar. Vou fazer dele meu melhor tempo!

MEMENTO VIVERE

DESAFIO 34

Tesouro em forma de gente

Organizar a lista de convidados para um evento geralmente não é uma tarefa fácil. Estabelecemos critérios e avaliamos vínculos, tentando incluir quem amamos e evitar injustiças. Entretanto, convém sempre recordar que o maior evento que temos é a nossa própria vida, e ela está acontecendo aqui e agora. Será que estamos dedicando tempo necessário para organizar e valorizar a lista de pessoas que permitimos que entrem e permaneçam nessa grande festa que é a nossa existência? Esse pode ser um excelente desafio para seu *Memento Vivere*.

Você pode começar refletindo sobre quem são as pessoas mais significativas em sua vida hoje. Não escreva nada ainda. Deixe apenas que a memória afetiva traga essas pessoas à sua mente.

Pausa indispensável...

Agora, experimente voltar dez anos no tempo e lembrar quem eram as pessoas que considerava extremamente especiais nesse período. Permita que sua mente registre quais são os vínculos que ainda permanecem. A canção *A Lista*, de Oswaldo Montenegro, propõe exatamente essa reflexão de maneira poética e profunda. Você pode ouvi-la enquanto realiza o desafio.

Pausa indispensável...

No espaço dedicado, crie a sua "lista VIP", com aquelas pessoas que realmente fazem diferença em sua vida na atualidade – seres humanos que são como tesouros vivos de grande valor para você. Lembre-se de que essa lista é atualizável por diferentes razões e circunstâncias, e é necessário revisá-la e atualizá-la de tempos em tempos, pois ela pode mudar. Sempre que puder, dedique um momento para demonstrar apreço pelos seus vínculos, garantindo que cada pessoa saiba o quanto significa para você.

LEMBRETE

Como é incrível a sensação de amar e sentir que somos amados. De verdade, que tesouro material poderia ser mais importante que essas pessoas?

MEMENTO
VIVERE

DESAFIO 35

Recalculando rotas

As modernas ferramentas de navegação nos permitem transitar com precisão por caminhos que desconhecemos. Se, por alguma razao, nos desviamos do caminho traçado, a rota é imediatamente recalculada para nos colocar de volta na direção do destino pretendido.

Na rota da vida, reconhecer que erramos é um desafio, mas insistir teimosamente no erro pode ser ainda mais complicado. A sabedoria dos antigos nos lembrava: “se você está no caminho errado, voltar atrás significa progresso”.

A maioria de nós, em algum momento, já se viu fazendo a clássica pergunta: "nossa, onde foi que eu errei?". Geralmente fazemos esse questionamento de maneira retórica, em tom de desabafo. E se... em vez de apenas jogarmos essa dúvida ao vento, genuinamente buscássemos uma resposta?

Talvez essa seja uma ótima oportunidade para examinar a vida e identificar algumas rotas que precisam ser recalculadas. Há alguma decisão que já não está mais alinhada com seus valores e objetivos? Seja um relacionamento, a carreira profissional ou até mesmo um hábito diário.

II Pausa indispensável...

Feita a reflexão, é hora de listar os pontos negativos que devem ser modificados e de traçar estratégias claras para essas mudanças. Use seu *Memento Vivere* para ajustar o curso como se fosse seu aplicativo de GPS. Boa viagem!

Pontos Negativos	**Estratégias**

LEMBRETE

Todos os dias temos mil pequenas oportunidades de mover a vida na direção certa.

MEMENTO
VIVERE

DESAFIO 36

Espírito de gratidão

Há dias em que os nossos pensamentos podem ficar quase completamente a serviço da reclamação. É fácil ruminar conjecturas sobre como a nossa vida seria melhor se tivéssemos outro emprego, uma casa diferente, um carro bacana ou mais oportunidades de viajar... Essa atitude, no entanto, pode perigosamente obscurecer a beleza do que já temos e não nos leva a lugar algum.

Ao demonstrarmos apenas insatisfação e descontentamento em relação às condições atuais de nossa vida, ficamos estagnados em um estado de infelicidade. Em contraste com essa postura, há um provérbio registrado na sabedoria bíblica que diz assim: "a alegria embeleza o rosto, mas a tristeza deixa a pessoa abatida". Ou seja, mais do que depender de cremes rejuvenescedores, nossa saúde e aparência se beneficiam de um coração grato!

Neste desafio, convido você a ampliar a gratidão em sua vida a fim de torná-la ainda melhor.

Procure um tempo a sós, reflita sobre as suas circunstâncias atuais e encontre pelo menos vinte razões para se sentir grato. Você pode elencar esses motivos em seu *Memento Vivere*. Pense além dos bens materiais: considere o privilégio de viver nesse tempo e, mesmo atravessando momentos complexos, quantas coisas boas estão presentes no horizonte de sua jornada. Pessoas, alegrias, lições, percepções... Ah! Quantos motivos para agradecer!

Revisite essa lista sempre que sentir a necessidade de reavivar o espírito de gratidão em seu coração e continue a acrescentar novos motivos a ela!

LEMBRETE

Quem pauta a vida pela gratidão transforma os pequenos detalhes do cotidiano em verdadeiros espetáculos.

MEMENTO VIVERE

DESAFIO 37

O poder do perdão

É cada vez mais comum vermos praticantes de crossfit arrastando pneus gigantes, presos à cintura por uma corda. Certamente essa é uma atividade bastante desafiadora. Mesmo que não estejamos familiarizados com desafios semelhantes, nós, tantas vezes, carregamos pesos que podem ser bem mais complicados que pneus imensos. O fardo de mágoas, traumas, amarguras e ressentimentos do passado é invisível, mas devastador em seus efeitos. Esses sentimentos frequentemente retardam nosso desenvolvimento e nos impedem de caminhar com leveza. Se você experimenta um pouco dessa sensação, talvez seja hora de libertar-se desse peso desnecessário. Esse é o desafio agora!

Faça um mergulho metafórico nas águas profundas do seu coração e identifique o que você sente que precisa ser perdoado – um evento, uma pessoa, ou até você mesmo. É provável que você já saiba exatamente quais são essas questões. Que tal listá-las aqui?

Olhando para sua lista pessoal, muitas reflexões podem ser feitas. Há quanto tempo essas pendências estão em seu horizonte de vida? Quais são os prejuízos emocionais que elas estão lhe causando? Que planos pode fazer para se libertar dessas amarras?

Pausa indispensável...

Não basta apenas saber que as demandas existem; sempre é tempo de fazer algo pela saúde emocional. Uma ideia muito útil seria você planejar uma pequena cerimônia pessoal para marcar esse momento de libertação. Algo simples, mas significativo. Faça isso de um jeito que funcione para você. Pode ser um ritual feito em casa, sozinho, ou uma cerimônia mais elaborada, para expressar sua dor. Pode até ser algo simbólico, como jogar alguma coisa escrita em um rio ou uma praia... Precisa ser do seu jeito, mas deve ser libertador.

Agora é hora de registrar seus sentimentos em relação à sua caminhada. Revisite esse relato cada vez que os sentimentos ruins referentes ao evento perdoado tentarem ressurgir, relembrando a si mesmo que você escolheu deixá-los para trás.

LEMBRETE

E chega o momento na existência em que preciso liberar perdão para liberar meu crescimento pessoal.

MEMENTO
VIVERE

DESAFIO 38

A criança não esquecida

Ah, os velhos tempos... Banhos de chuva, brincadeiras intermináveis, risadas contagiantes e muito faz de conta! Tantas lembranças ficam indelevelmente marcadas em nossa memória afetiva. Algumas delas podem ter uma carga pesada, com traumas, mas a infância, via de regra, é o retrato de um tempo mágico.

A questão é que, dentro de você, esse "eu" criança ainda vive, cheio de potencial. O desafio agora é dedicar um momento especial para reconectar-se a essa versão da infância. Não deve ser um tempo qualquer, mas planejado para ganhar significado no seu presente. É necessário estar sozinho e em um ambiente acolhedor.

Siga no desafio após o planejamento!

Comece pensando em algo que marcou profundamente sua infância. Pode ser um dia inesquecível, sua comida favorita ou aquele lugar incrível aonde adorava ir. Procure recriar esse momento em sua mente! Revisite o local, recrie a receita, sinta a alegria genuína que essa lembrança traz. Durante a experiência, deixe as memórias afetivas trazerem de volta a voz da sua criança interior. Ouça-a com carinho. O que ela desejava? Quais eram seus sonhos? As palavras dela podem ser uma preciosa bússola para suas decisões no presente.

Agora, registre no espaço dedicado as percepções trazidas desse seu "eu" criança, que não deve ser abandonado, pois tem muito da base de sua vida nele.

Ao revisitar essas memórias e resgatar um pedacinho de seu passado, você fortalece o caminho para que o seu futuro seja ainda mais coerente com quem você realmente é. E gostaria que você considerasse o convite para brincar de verdade com sua infância! Seria legal escolher uma brincadeira que você gostava muito quando criança e criar um momento mágico para brincar sozinho, com algum amigo ou familiar. Ah! Traga essa criança de volta! Pode ser uma experiência renovadora!

LEMBRETE

Para ser um adulto saudável, é preciso permitir que a criança interior seja ouvida.

MEMENTO
VIVERE

DESAFIO 39

Envelhecimento inevitável

Há um verso de uma canção antiga de Arnaldo Antunes que diz: "a coisa mais moderna que existe nessa vida é envelhecer". De fato, o envelhecimento é um privilégio – a única alternativa para quem não deseja que a vida se encerre precocemente. Contudo, essa fase nos traz desafios peculiares que merecem nossa atenção.

Deixe agora sua mente vaguear pelo tempo... Imagine-se bem idoso. Como são seus dias? Como está sua qualidade de vida? Para explorar essa realidade mais profundamente, proponho uma experiência sensorial com duração de, no mínimo, uma hora. Separe com antecedência cada item de que necessitará e eleja um momento adequado para mergulhar nessa brincadeira cheia de descobertas. Vamos lá?

A ideia é que você coloque pesos nos braços e pernas, para simular a perda de vigor físico; use óculos escuros e embaçados, para sentir a visão enfraquecida; e tampões nos ouvidos, para experimentar a dificuldade auditiva. Feito tudo isso, procure realmente vivenciar a sua própria velhice já em idade bem avançada. Pode ser legal ter alguém com quem interagir durante o experimento. Essa vivência pode oferecer uma perspectiva mais concreta das limitações que frequentemente acompanham o envelhecimento.

Ao final, registre suas percepções. Reflita sobre o impacto do que você faz hoje em relação aos dias que estão à frente. Tem cultivado vínculos significativos? Cuida da sua saúde física e mental? Anote suas reflexões sobre as sementes que está cultivando para a velhice e lembre-se: ainda há tempo para plantar!

LEMBRETE

O envelhecimento traz consigo uma série de limitações. Mas pode trazer junto uma dimensão gigantesca de sabedoria.

MEMENTO VIVERE

DESAFIO 40

Carpe diem

A expressão *carpe diem* é conhecida por muitos, mas frequentemente mal compreendida. Traduzida do latim, significa algo como "aproveite o dia", mas, ao longo do tempo, foi injustamente associada a um estilo de vida hedonista e inconsequente. Essa interpretação não captura a verdadeira essência de seu significado.

Reflita por um momento: cada dia é um verdadeiro "presente" – tanto no sentido de estar no tempo presente quanto de ser uma dádiva. Isso é simplesmente maravilhoso! Não podemos prever quando será o nosso derradeiro amanhecer, e o hoje é tudo que realmente temos nas mãos, um presente extraordinário que deve ser aproveitado de forma singular!

Seu desafio agora é se dedicar a um "dia de não fazer", ou seja, planejar um dia no qual seu único compromisso seja o de saborear cada instante. Quase sempre estamos "fazendo" alguma coisa, e ter um tempo para "não fazer" pode ser uma ótima oportunidade para um encontro abençoado com as suas emoções.

Se for complicado dedicar um dia inteiro, então planeje um período menor, mas com a mesma proposta.

Meu "dia de não fazer":

/ /

Ao final do dia, reflita sobre as sensações e aprendizados que essa experiência proporcionou. Escreva sobre isso e, se possível, capture algumas fotos ou lembranças para manter viva a memória desse dia em que você celebrou cada detalhe do dom da existência.

LEMBRETE

Um “dia de não fazer” pode ser um
“dia especial de ser”.

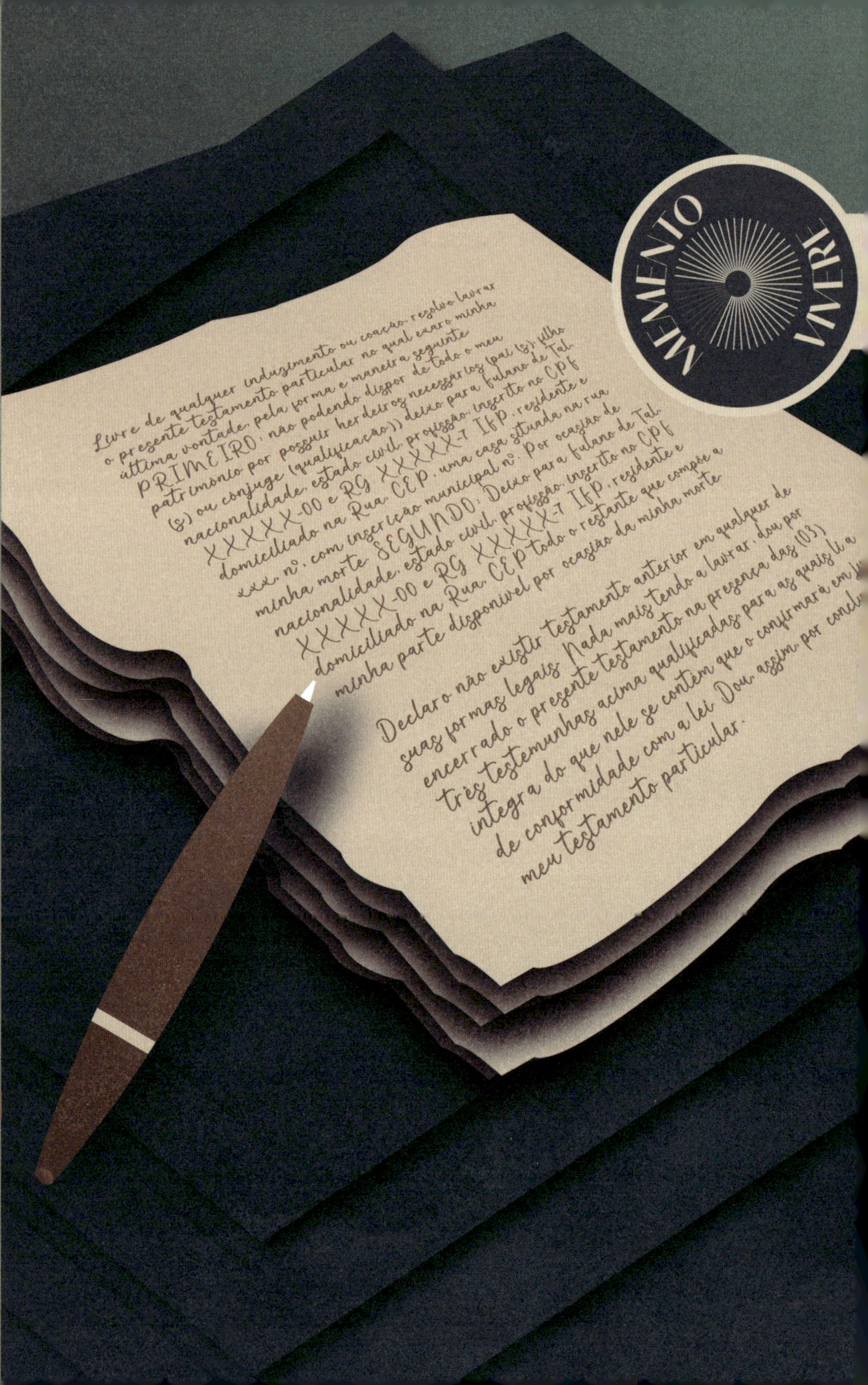
MEMENTO
VIVERE
Livre de qualquer induzimento ou coação, resolvo lavrar
o presente testamento particular no qual exaro minha
última vontade, pela forma e maneira seguinte
PRIMEIRO: não podendo dispor de todo o meu
patrimônio por possuir herdeiros necessários (pai (s), filho
(s) ou conjuge (qualificação)) deixo para Fulano de Tal,
nacionalidade, estado civil, profissão, inscrito no CPF
XXXXX-00 e RG XXXXX-7 IFP, residente e
domiciliado na Rua, CEP, uma casa situada na rua
xxx, nº, com inscrição municipal nº. Por ocasião de
minha morte. SEGUNDO: Deixo para Fulano de Tal,
nacionalidade, estado civil, profissão, inscrito no CPF
XXXXX-00 e RG XXXXX-7 IFP, residente e
domiciliado na Rua, CEP todo o restante que compõe a
minha parte disponível por ocasião da minha morte.
Declaro não existir testamento anterior em qualquer de
suas formas legais. Nada mais tendo a lavrar, dou por
encerrado o presente testamento na presença das (03)
três testemunhas acima qualificadas, para as quais li a
íntegra do que nele se contém que o confirmará em ju
de conformidade com a lei. Dou, assim, por concl
meu testamento particular.

DESAFIO 41

Fazendo as pazes com a finitude

Gostaria de contar com sua confiança para navegar nas águas profundas da consciência da finitude. Muitos tabus cercam o tema. Alguns temem que falar disso atraia mau agouro; outros acham mórbido e que rouba o foco nos bons aspectos da vida. Mas ignorar um elefante não faz com que ele desapareça, certo?

Quero desafiar você a enxergar a finitude sob uma perspectiva que pode ser muito boa. Steve Jobs certa vez afirmou: "lembrar que estarei morto em breve é a ferramenta mais importante que já encontrei para me ajudar a fazer grandes escolhas na vida". Ah! Que visão perspicaz para ajustar nossas lentes!

Reconciliar-se com a finitude permite a nós considerar como gostaríamos de vivenciar nossos últimos momentos, aqueles que certamente vão chegar! Alguma vez você já pensou sobre testamento, doação de órgãos, preferências para o funeral? Essas decisões práticas podem aliviar preocupações futuras e precisam ser comunicadas à família e amigos. Se essas questões não estão organizadas em seu agora, talvez seja hora de refletir sobre isso.

Em nosso desafio de lembrar que estamos vivos, vamos pensar em mudanças para viver mais plenamente o presente? Convido você a usar o seu *Memento Vivere* para criar uma lista das suas prioridades e a reavaliar os itens apontados nela. Tente mensurar o tempo investido em cada um desses itens e veja se ajustes são necessários. A consciência de que um dia viveremos o nosso último dia nos leva a celebrar a vida com autenticidade e significado no tempo que temos.

LEMBRETE

A morte pode ser inevitável, mas tem seus limites. Por mais contraditório que seja, ela jamais deveria nos tirar a vida.

MEMENTO
VIVERE

DESAFIO 42

Abençoar a vida

A expressão "abençoar a vida" retrata uma possibilidade real, pois está ligada a pequenas atitudes propositivas que podemos desenvolver no dia a dia e que são frutos de uma sabedoria viável em nossa postura existencial.

Se há tantos indivíduos que parecem maldizer a vida com repetidas reclamações vãs, passividade doentia diante dos desafios e busca incessante por aprovação externa; devemos, então, nos convidar para uma jornada abençoadora dessa mesma vida.

Cora Coralina expressou sabiamente: “sei que alguém vai ter que me enterrar, mas eu não vou fazer isso comigo”. Somos os roteiristas, diretores e protagonistas de nossa própria narrativa. Viver para abençoar a vida é escolher uma postura ativa e consciente. Devemos assumir as rédeas se quisermos caminhar por esse mundo de forma autêntica e significativa.

O desafio aqui presente não é para ser realizado em um tempo específico – vai muito além disso. Desejo que você se sinta motivado a adotar essa postura como um estilo de vida integrado à sua jornada pela existência. Procure fazer uma avaliação pessoal e sincera, questione sua alma para que ela lhe “diga” se você tem o costume de abençoar a vida com suas atitudes ou se tem escorregado perigosamente para uma atitude azeda diante das circunstâncias que o rodeiam.

Use seu *Memento Vivere* para fazer uma espécie de declaração pessoal, algo que retrate seu compromisso de abençoar sua vida ao longo dos poucos ou muitos dias que estão à sua frente.

LEMBRETE

A vida ao seu redor não depende que você a abençoe, mas certamente será bem mais agradável se você se acostumar a fazê-lo.

MEMENTO
VIVERE

DESAFIO 43

"Só por hoje"

Se você já teve a oportunidade de conhecer a estrutura de um grupo de apoio, como o renomado AA (Alcoólicos Anônimos), certamente pôde perceber o poder do lema "só por hoje". Mais do que uma mera junção de três palavras, essa frase encerra um profundo sentido de tornar mudanças radicais e distantes em metas concretas e realizáveis.

É interessante pensar na força desse princípio e em como ele pode ser aplicado a outras áreas da vida. Por essa lógica certeira e muito bem consolidada, em vez de se concentrar nas dificuldades através de atitudes drásticas, é possível construir e solidificar mudanças mais perenes colocando o foco no que pode ser feito hoje. Isso é bastante agregador para a construção de uma vida mais estruturada!

O convite agora é para você trazer à mente alguns desafios pessoais de comportamento que eventualmente estejam atrapalhando seu desenvolvimento. Talvez seja descontrole nas finanças, impulsividade nas decisões, medo paralisador ou procrastinação... Todos temos uma lista grande deles.

Agora escolha apenas um comportamento para realizar a experiência do "só por hoje" e, em seguida, defina um tempo que você julgue adequado. Uma semana pode ser um período legal para isso. Lembre-se de escolher algo que faça sentido para seu momento e com o qual você tenha disposição para lidar.

Só por hoje

Ao fim de cada dia do tempo determinado, faça um pequeno registro dos seus avanços ou mesmo dos retrocessos. Celebre suas pequenas vitórias e reconheça onde pode melhorar. Com o tempo, você perceberá como "só por hoje" pode transformar seus hábitos e elevar significativamente sua qualidade de vida.

LEMBRETE

Hoje não é um tempo mágico. No hoje tem avanço e retrocesso, prazer e dor, alegria e tristeza, esperança e desespero...
No hoje tem vida!

MEMENTO VIVERE

DESAFIO 44

Momentos para saborear

A ansiedade é uma companheira quase inevitável do ser humano em sua jornada. É bem verdade que, muitas vezes, associamos essa emoção a preocupações exageradas com o futuro, o que pode resultar em dificuldades emocionais indesejáveis. Contudo, a ansiedade também habita os momentos de alegria. Sabe aquele frio na barriga antes de realizar um sonho, fazer uma viagem ou reencontrar alguém querido? Essa é a ansiedade nos avisando que algo bom está para acontecer! Nosso cérebro, nesse instante, já libera hormônios do bem-estar, preparando-nos para uma experiência prazerosa.

Mas... e se pudéssemos treinar a mente para sentir essa mesma expectativa sem ter que necessariamente esperar por grandes eventos esporádicos? O desafio é cultivar essa sensação de antecipação em atividades cotidianas que produzem pequenos prazeres e diversão para a alma.

Que tal criar um checklist diferente para o seu dia? No espaço dedicado, procure organizar uma lista de tarefas prazerosas que o esperam em um dia comum. Pode ser amanhã mesmo! Faça com que pequenos eventos, muitas vezes subestimados, possam trazer uma alegria palpável ao seu dia. Afinal, são justamente essas pequenas delícias que fazem a diferença no nosso bem-estar! Ao antecipá-las de maneira consciente, você gera para si mesmo a oportunidade de saboreá-las com muito prazer.

- ○
- ○
- ○
- ○
- ○
- ○
- ○
- ○
- ○
- ○

LEMBRETE

Todos os dias nos deparamos acidentalmente com coisas que podem ser absolutamente extraordinárias. Se tão somente soubermos percebê-las, elas se tornarão o que realmente são: extraordinárias!

MEMENTO
VIVERE

DESAFIO 45

Compartilhamento de memórias

Ser capaz de construir e reter memórias é um dos privilégios mais preciosos da existência; é um diferencial que nos faz humanos. As lembranças constituem a complexa teia de nossa vida e nos tornam seres completos, dotados de capacidades invejáveis. Ao compartilhar memórias com outras pessoas, reforçamos histórias e fortalecemos conexões.

Talvez agora seja uma boa hora para promover um evento especial de visitação a antigas memórias com alguém que você ama. Esse é o desafio – planeje-o para que seja realizado da forma mais confortável possível! O importante é realmente criar um pequeno evento de forma intencional e procurar fazer dele algo abençoador para sua vida. Um dos segredos para o êxito está na escolha da companhia para essa partilha tão especial. As pessoas com quem compartilhamos nossas histórias frequentemente se lembram de detalhes que nos escaparam ou têm versões diferentes para um mesmo acontecimento, o que torna tudo ainda mais divertido!

A partir de sua realidade, planeje esse encontro. Seja com a família, vendo álbuns de fotos e recordando histórias, ou com amigos, explorando antigos *Stories* de redes sociais, busque tornar esse momento algo bem especial.

Pessoas com quem desejo compartilhar memórias:

Data em que vamos fazer esse evento:

/ /

Após a realização do desafio, registre em seu *Memento Vivere* os melhores momentos dessa partilha, bem como as sensações que você vai guardar com carinho.

LEMBRETE

Memórias afetivas guardadas ao longo da vida são um imenso patrimônio pessoal que nos torna pessoas ricas em significado. Valorizar e compartilhar essas histórias renovam a alma.

MEMENTO
VIVERE

DESAFIO 46

Despedida gostosa

O medo da mudança é tão intrínseco ao ser humano que pode ser difícil imaginar uma despedida prazerosa. É natural sentir receio diante das transições, especialmente quando elas implicam abandonar aquilo que é familiar, nossa zona de conforto, para adentrar o desconhecido numa aventura carregada de incertezas. No entanto, não há escapatória: algumas coisas precisam se renovar, e aceitar a partida dos velhos moldes pode transformar a despedida de um momento penoso em uma experiência especial em nossa jornada.

Gostaria de propor uma trilha sonora para acompanhar este desafio: *Estrada Nova*, de Oswaldo Montenegro. Encontre um lugar confortável e deixe essa canção tocar em seu aplicativo de música. Reflita sobre a letra, especialmente quando ele canta: "o sol já nasceu na estrada nova, e mesmo que eu impeça, ele vai brilhar".

Pense nas partidas inevitáveis que estão acontecendo diante dos seus olhos exatamente agora, seja na vida pessoal, familiar ou profissional. O avanço da idade traz consigo muitas partidas, mas também tantos amadurecimentos!

Neste desafio, convido você a identificar quais ciclos naturais estão se encerrando. Reserve um tempo para adentrar nessa dimensão, fazer descobertas e tomar decisões. Reflita sobre o medo da dor que acompanha as despedidas e sobre a inquietação ao trilhar essa estrada nova. Questione-se: existe algo que você pode fazer para aceitar este novo começo de forma mais natural? Avalie se seria bom conversar com alguém próximo ou criar um ritual simbólico... O essencial é estar o mais preparado possível para segurar a mão do futuro e avançar com confiança!

Use o espaço dedicado para fazer uma narrativa pessoal que retrate suas descobertas e inquietações. Esse pode ser um momento de gostosa despedida.

LEMBRETE

Fechar ciclos ao longo da existência quase nunca é tarefa fácil, mas novos horizontes só se descortinam se tivermos coragem para abandonar os que ficaram para trás.

MEMENTO
VIVERE

DESAFIO 47

Projeto vivo

A importância que atribuímos aos projetos de vida revela muito sobre nossa estrutura existencial. Infelizmente, ainda há pessoas que simplesmente deixam a vida seguir, sem aparentes preocupações sobre a direção que ela está tomando. O Gato de Lewis Carroll, em *Alice no País das Maravilhas*, nos lembra de uma dica preciosa: "se você não sabe para onde vai, qualquer caminho serve!". Sem um plano, a vida certamente perderá o rumo.

O presente desafio não é tão fácil, mas extremamente necessário. Ele envolve a criação ou organização do seu próprio projeto de vida para o período sugestivo de uma década. Se desejar, estabeleça outro horizonte de data, mas dez anos pode ser um tempo interessante.

Caso você já tenha algo estruturado, é hora de revisitar e reavaliar. Se ainda não tem, é um momento oportuno para dar um *start* no projeto, afinal de contas essa é a sua vida, seu amanhã, seu próximo passo. Dedique tempo de qualidade para refletir sobre a visão macro do projeto, lembrando que a proposta é que ele seja VIVO, isto é, atualizável sempre que novas circunstâncias aparecerem no radar. Questões práticas sobre onde você deseja estar, quem viverá ao seu lado compartilhando sonhos, o que estará realizando profissionalmente, que habilidades terá conquistado até lá... são alguns dos itens indispensáveis para um projeto vivo.

É importante lembrar que não há resposta certa ou errada para essas questões. Este projeto é seu, refletindo sua visão, sonhos e valores. Apenas comprometa-se consigo mesmo: **"este é o meu projeto, e não vou desistir dele"**. Se possível, organize-o em um quadro bem diagramado que potencialize o valor que você dá a ele. Use o espaço em seu *Memento Vivere* para registrar a essência de suas ideias e talvez construir o prólogo de uma narrativa que será escrita por suas escolhas e determinação a partir de hoje.

Este é o meu projeto, e não vou desistir dele.

LEMBRETE

Desenhar um caminho à frente pode tornar a jornada uma aventura verdadeiramente extraordinária. Sonhar com um amanhã possível é um primeiro passo essencial para transformar sonho em realidade.

MEMENTO
VIVERE

DESAFIO 48

Harmonia sistêmica

Neste vasto universo onde existimos, somos lembrados constantemente da harmoniosa interligação de todas as coisas. Como pequenos pontos em uma teia complexa de relações e eventos, fazemos parte de uma interconexão que transcende o mundo físico. Cada ação, mesmo a menor, repercute no cosmo como um efeito borboleta através do tecido da existência, esculpindo nossa realidade.

Para experimentar essa interdependência de forma tangível, convido você a recordar o fato de que cada decisão que tomamos, grande ou pequena, de alguma maneira, abre um determinado caminho à nossa frente. A pessoa que você se tornou é fruto de milhões de desdobramentos possíveis ocorridos ao longo de sua trajetória.

Pense em alguma decisão tomada por você no passado que o conduziu por um caminho decorrente daquela escolha.

Decisão que tomei:

Desdobramento que vivenciei:

Sugiro, então, neste desafio, um exercício que é uma brincadeira reveladora: escolha uma decisão real que você precisará tomar brevemente em sua vida. Não deve necessariamente ser algo muito trivial: pode ser uma escolha profissional, uma mudança de estilo ou uma questão familiar. Reflita entre diversas opções e eleja uma delas.

Escolha que preciso fazer:

Hora de brincar seriamente! Posicione essa decisão no fluxograma sugerido e vá mapeando suas consequências diretas e indiretas, seus impactos emocionais e práticos, bem como as pessoas envolvidas. Procure ser detalhista ao construir as ramificações desse diagrama. Observe os desdobramentos de cada uma dentro do sistema maior. Ao nos tornarmos conscientes da repercussão de nossas escolhas, fica mais fácil internalizar a responsabilidade e a influência que temos sobre nosso próprio destino e o de outros ao redor – é quando finalmente entendemos que, em nossa jornada pessoal, podemos contribuir para a harmonia sistêmica e coletiva da jornada humana.

LEMBRETE

Sou responsável pelas minhas decisões e assumo os riscos de todos os desdobramentos previsíveis e imprevisíveis de cada uma delas. *C'est la vie*!

MEMENTO
VIVERE

DESAFIO 49

Coração aberto

Sabendo que amanhã será um novo dia e que poderá apresentar-se de maneira surpreendente; devo, então, vivenciar meu tempo sempre de **coração aberto**. Essa é uma das minhas expressões favoritas, e há uma razão para isso: ela descreve uma postura corajosa diante da vida que se desdobra como surpresa (e que nem sempre é agradável). Viver de coração aberto significa ir contra a tendência natural de usar máscaras e armaduras emocionais. Um coração aberto está vulnerável, com a guarda baixa diante do desconhecido, mas carregado de esperança de que o futuro trará coisas boas. Desafiador, não é?

Permanecer de coração aberto pode ser ainda mais difícil quando as marés são adversas. A vida, com suas reviravoltas e desafios, muitas vezes tenta nos endurecer e, diante das dificuldades, nossa primeira reação pode ser a de fechar-nos em nós mesmos. Contudo, é precisamente nesses momentos que mais precisamos nos lembrar de manter nosso coração aberto!

Na cena final do clássico *Náufrago*, o protagonista revela o sentimento que o manteve de pé enquanto enfrentava os inúmeros desafios da vida solitária na ilha – uma postura que ele decide adotar mesmo depois de resgatado. "Eu vou continuar respirando, porque amanhã o sol vai nascer; ninguém sabe o que a maré vai me trazer."

A questão não é adotar uma positividade compulsória ou fingir que os problemas são insignificantes. Trata-se, na verdade, de reconhecer o peso da dor e compreender que a resiliência é uma alternativa muito mais potente do que o desespero!

Quando uma maré de dificuldades chegar à sua praia, não se deixe sucumbir. Ao enfrentar as longas e escuras noites que, às vezes, podem sobrevir em sua existência, espere: o amanhã sempre vem – seja com nuvens muito carregadas e escuras ou com um céu claro e límpido. Nenhuma tristeza dura para sempre. Confie que, quando a tempestade passar, o futuro trará gratas surpresas.

Neste desafio, convido você a usar seu *Memento Vivere* para fazer uma declaração pessoal que brote do profundo de sua alma. Retrate sua disposição para enfrentar todas as circunstâncias que surgirem à sua frente, tendo como referência tudo o que já conquistou para chegar até aqui.

Minha declaração pessoal

LEMBRETE

Para acertar o passo na complexa dança da vida, é imprescindível abrir-se para infinitas possibilidades existentes no imenso salão do universo.

MEMENTO
VIVERE

DESAFIO 50

O símbolo da jornada

Se você vir uma árvore em formato de cone, enfeitada com bolas e luzes, imediatamente reconhecerá que se trata de uma árvore de Natal e provavelmente vai achar estranho encontrá-la, por exemplo, no meio de julho. O chocolate, que muitos de nós apreciamos o ano todo, transforma-se em um formato oval e adquire um novo sentido na Páscoa. No Brasil, e em muitos outros países, um anel dourado no dedo anelar da mão esquerda envia uma mensagem clara: aquela pessoa está comprometida em uma aliança de casamento.

Esses são pequenos exemplos de como símbolos e seus significados estão profundamente entrelaçados, tornando quase impossível separá-los. No entanto, além desses símbolos conhecidos pela maioria, existem outros que têm um sentido especial em contextos particulares. São objetos preciosos, dos quais não nos desfazemos, porque em algum trecho de nossa jornada foram revestidos de um sentido claro para nós – dispensam qualquer explicação. É provável que alguns desses não possuam qualquer valor monetário, entretanto são preciosos tesouros dos quais nos orgulhamos.

Depois de experienciar a jornada renovadora do *Memento Vivere*, desejo propor um símbolo cuidadosamente planejado para representar concretamente esse novo momento de sua vida. Essa medalha que está na última capa do livro foi criada por um artista para cumprir o papel de ser companheira frequente de seu andar pelo mundo. Ela sintetiza a extensão dessa jornada e perpassa cada desafio cumprido na direção certeira de uma vida melhor.

Seja qual for o momento – uma intrincada reunião de trabalho, um tempo desfrutando as merecidas férias, a indecisão de um caminho a seguir, um gostoso encontro de amigos, o enfrentamento cruel de uma enfermidade, uma caminhada abençoada ao amanhecer, uma perda irreparável a ser elaborada, a conquista de um sonho almejado... –, LEMBRE-SE DE VIVER! Transforme *Memento Vivere* em seu referencial para as diferentes circunstâncias da vida que lhe é dada.

LEMBRETE

Nunca nos esqueçamos de que vamos morrer uma hora dessas, mas que jamais se aparte de nós a lembrança de viver intensamente o tempo que nos é dado.

EPÍLOGO

Iniciamos juntos essa jornada com um convite gentil para você experimentar cinquenta desafios que seriam capazes de provocar alguma transformação positiva em sua maneira de encarar a vida.

Pode ser que, no início, a proposta tenha soado muito ousada para você; afinal, como assim transformar a vida com meia centena de atividades provocativas? É bem verdade que podemos fazer muito mais para promover processos de desenvolvimento saudáveis em nossas vidas. Mas toda caminhada começa com o primeiro passo. E você certamente deu muitos desses passos.

O *Memento Vivere* pode ser comparado a uma viagem breve, na qual nos deliciamos com uma nova cultura, experimentamos coisas maravilhosas, refletimos e depois retornamos, de alguma forma, mudados pelo processo. A digital deixada em nosso coração pode ter sido ainda mais marcante, porque não foi um outro lugar do mundo que visitamos. Em vez disso, seguimos em direção a um encontro mais profundo dentro de nós mesmos, de nossa própria vida e circunstâncias, guiados por uma outra postura, com muito mais encanto e beleza.

Espero que essa jornada também o tenha inspirado a ajudar outras pessoas em suas autodescobertas, para que outros possam se encantar e saborear com maior leveza e satisfação sua própria vida. Uma boa parcela da humanidade está lutando dia a dia para criar um mundo mais gentil, tolerante, compassivo, saudável e sustentável; e essa transformação coletiva tem seu início em cada indivíduo, em cada vida alicerçada sobre esses valores. Precisamos cada vez mais de pessoas como você, com o coração aberto, dispostas a sustentar por um tempo o desconforto da mudança, até que, nesse movimento de lançar e impulsionar novos hábitos e atitudes, nos transformemos num devir salutar – em um belo *Memento Vivere*.

Chegamos ao fim dessa travessia de 50 desafios, e agora é tempo de pausar, de olhar para trás e sentir o caminho percorrido. Cada exercício, cada reflexão, cada pequena ação pode ter ajudado a moldar um novo capítulo da sua história, e o convite agora é para que você faça um pequeno balanço. Pense sobre o que ressoou mais forte em você ou qual desafio lhe "tirou do sério", ou, ainda, onde encontrou uma alegria inesperada. Houve alguma descoberta que, de tão simples, parecia óbvia, mas lhe ofereceu uma nova perspectiva?

Use este espaço para anotar suas impressões e guardar os momentos que mais marcaram sua jornada com *Memento Vivere*.

Quando a nossa jornada começou, lá atrás, há cerca de duas centenas de páginas, você já descobriu que *Memento Vivere* não era apenas um conjunto de páginas a serem lidas. Uma pequena verdade da existência é que “o conhecimento só cumpre seu papel quando gera algum tipo de transformação”. Essa deve ser a síntese da caminhada percorrida em cada capítulo e culmina agora no chamado para um compromisso: quais mudanças, grandes ou pequenas, você quer levar adiante? Que novos hábitos ou posturas deseja incorporar à sua vida? O espaço abaixo é todo seu. E então, o que você escolhe transformar?

Essa moeda é exclusivamente sua, símbolo pessoal de sua jornada.

Leve-a sempre com você, como uma companheira nas experiências que a existência lhe proporcionar.

Valorize seu significado, praticando à sua maneira a essência da provocação que ela desperta:

LEMBRE-SE DE VIVER!

Sucesso!